Das Buch

Provokation ist ihre Spezialität. Ihre Thesen »Von der Dummheit« zielen Esther Vilars heftige Attacken auf die gesellschaftlich Arrivierten, den Geldadel und die Machthaber, denen sie einen eklatanten Mangel an Intelligenz bescheinigt. Gerade diesem Umstand, so die Autorin, verdanke die sogenannte »high society« ihren raschen Aufstieg sowie ihr Verbleiben in gesellschaftlichen Spitzenpositionen. Dabei operiert Esther Vilar mit einer eigenen, neuen Definition von Intelligenz: Intelligenz = Phantasie + Sensibilität. Demzufolge bezeichnet die Formel in ihrer Umkehrung Dummheit als Summe von Phantasielosigkeit und Unsensibilität. »Nach dem hier verwendeten Begriff kann also jemand, der es in unserer Gesellschaft aus eigener Kraft zu hohem Ansehen und Reichtum bringt ... im Grunde ein dummer Mensch sein, während sich unter Umständen hinter einem Versager ein überdurchschnittlich intelligenter verbirgt.«
In den verschiedensten Bereichen spürt Esther Vilar die Paarung der Dummheit auf: mit Reichtum, Karriere, Liebe, Kunst. Immer wieder konstatiert sie die Überlegenheit des Dummen gegenüber dem Intelligenten, resümiert, daß das Maß der Beschränktheit in einem direkten Verhältnis zur Höhe des gesellschaftlich Erreichbaren und Erreichten stehe.

Die Autorin

Esther Vilar wurde am 16. September 1935 in Buenos Aires als Kind deutscher Emigranten geboren. Sie studierte Medizin, Psychologie und Soziologie, arbeitete bis 1963 als Krankenhausärztin und ist seither als freie Schriftstellerin tätig. Bekannt geworden durch ihre Trilogie zur Situation der Geschlechter (›Der dressierte Mann‹, 1971-1977), hat sie seitdem mit jedem ihrer Essays, Romane und Theaterstücke Aufsehen erregt.

Esther Vilar:
Der betörende Glanz der Dummheit

Deutscher
Taschenbuch
Verlag

Für Martin

Von Esther Vilar
sind im Deutschen Taschenbuch Verlag erschienen:
Der dressierte Mann. Das polygame Geschlecht.
Das Ende der Dressur (10821)
Die Mathematik der Nina Gluckstein (10878)

Aktualisierte Ausgabe
Mai 1990
2. Auflage Juli 1990
Deutscher Taschenbuch Verlag GmbH & Co. KG,
München
© 1987 Econ Verlag GmbH, Düsseldorf, Wien und
New York
ISBN 3-430-19368-0
Umschlaggestaltung: Celestino Piatti
Gesamtherstellung: C. H. Beck'sche Buchdruckerei,
Nördlingen
Printed in Germany · ISBN 3-423-11260-3

Inhalt

Was ist Dummheit?
    Gatsby und Daisy 13
    Die Intelligenz des Computers ist die Dummheit
    des Menschen 15

I Dummheit & Reichtum
    Madame Rothschild und die anderen 21
    Unterirdische Museen 24
    Hätte der Adel etwas mitzuteilen? 27
    Besitz macht schön 30
    Die Reichen wären ohne Geld genauso glücklich 35

II Dummheit & Karriere
    Aufsteiger- und Führerqualitäten 41
    Eine Goldmedaille für den Beschränkteren 42
    Wirkt ein politisches Mandat banalisierend? ... 44
    Who's Who in Church? 47
    Können Bankiers mehr als zählen? 51
    Können Generäle mehr als schießen? 55
    Können Chirurgen mehr als schneiden? 57
    Können Forscher mehr als forschen,
        Unternehmer mehr als steigern,
        und warum wollen Richter richten? 59
    Ausnahmen, die die Regel bestätigen 64
    Die Mächtigen wären auch ohne Macht
    zufrieden 66

III Dummheit & Liebe
    Wer gehört wem? 71
    Liebe ist die Religion mit der kleinsten
        Gemeinde 73
    Himmel Nr. 1 76
    Das Kreuz mit den Göttern 77
    Eine Freiheit namens Liebeskummer 79
    Die mathematische Lösung 81
    Das Opium der Gescheiten 83
    Dummheit macht freiheitsliebend 86

Dummheit macht göttlich 88
Dummheit macht sinnlich 89
Dummheit macht wählerisch 91
Das Rätsel der guten Ehe
   (Dummheit macht tolerant) 94
Das Geheimnis der harmonischen Scheidung
   (Dummheit macht vernünftig) 97
Das Glück beim Menschenmachen
   (Dummheit macht fortpflanzungsfreudig) . . . 99
Alle Macht der Phantasielosigkeit
   (Dummheit ist gesund) 104
Dumme könnten auch ohne Liebe existieren . . . 106

IV Dummheit & Kunst
   Le poète doit être un peu bête 111
   Amadeus 113
   Allegro ma non troppo 117
   Je klassischer die Musik, desto beschränkter
      das Publikum 121
   Jackson Pollocks Cadillac 124
   Je teurer das Bild, desto dümmer der Käufer . . . 127
   Kunst ist, was bei den Reichen hängt 132
   Die Achillesferse des Woody Allen 136
   Der ideale Schriftsteller:
      telegen, schlagfertig, weiblich 141
   Je sicherer die Meinung, desto beschränkter
      der Gutachter 145
   Je kompletter die Kollektion,
      desto phantasieloser der Museumsleiter 148
   Warum uns Modigliani keine Giraffe hinterließ . 151
   Je konstanter der Stil, desto korrupter der Maler . 156
   Monsieur Thyssen und die anderen 158
   Kunst als Namenwaschanlage 162
   Berühmte Künstler wären lieber anonym
      (Dummheit ist lernbar) 164

V Dummheit & Das Jüngste Gericht
   Wer anderen keine Grube gräbt 169
   Die Dummheit der Eliten ist beweisbar 172
   Der Klügere gibt nach, der Dümmere macht
      weiter 175

Lauter geplatzte Fünfjahrespläne
  (Die kommunistische Farce) 177
Lauter schwarze Freitage
  (Die kapitalistische Oper) 179
Aufzug der Roboter (Ouvertüre) 180
Arie der Automationsopfer (Immoderato). 182
Chor der Gewerkschaftsführer (Furioso) 185
Auszug der Unternehmer (Andante) 188
Einmarsch der Banker (Finale). 189
Gesetz der ausgleichenden Ungerechtigkeit 192
Das kleinere Übel ist abgeschafft 193
Lieber tot als rot 195
Mister Murphy is an optimist 196

Das ist der ganze Jammer: Die Dummen sind so sicher und die Gescheiten so voller Zweifel.

(Bertrand Russell)

Was ist Dummheit?

Gatsby und Daisy

Mitte der zwanziger Jahre erschien in den Vereinigten Staaten einer der wohl faszinierendsten Liebesromane der Weltliteratur: ›Der große Gatsby‹ von F. Scott Fitzgerald. Er handelt von der Leidenschaft eines jungen Mannes aus der Unterschicht, Jay Gatsby, zu einem weder außerordentlich schönen noch besonders geistvollen Mädchen aus bestem Hause, das folgendermaßen beschrieben wird: »Gatsby war überwältigt von dieser Jugend, die der Reichtum so geheimnisvoll umhegte und hütete, von der Frische, die der Besitz vieler Kleider einem Menschen verlieh, und von Daisy selbst, die wie ein silberner Stern aus stolzer Höhe auf die heißen Nöte und Kämpfe der Armen herabsah.«

Zunächst scheint diese mit ihrer melodiösen Stimme stets etwas zu leise sprechende, stets in Weiß gekleidete Daisy seine Zuneigung zu erwidern. Doch als er nach ein paar Wochen zum Kriegsdienst eingezogen wird, wendet sie sich anderen Bewerbern zu und ist bald auch mit dem immens reichen Tom Buchanan verheiratet.

Gatsby kehrt zurück und verwendet von nun an alle Kraft auf die Rückeroberung seiner Angebeteten. Eindeutig macht er sich dabei keine falschen Vorstellungen: Wenn er sie von ihrem vermögenden Mann weglocken will, muß er ihr zumindest einen Teil des Komforts bieten können, den sie dort gewöhnt ist ... Und er schafft es auch: Er kommt – auf anrüchige Weise – zu Geld, kauft sich in der Nachbarschaft des imposanten Long-Island-Anwesens der Buchanans eine schloßartige Villa, gibt rauschende Feste und wartet. Denn auch darüber macht er sich keine Illusionen: Den Privilegierten dieser Erde darf nicht nachgelaufen werden – sie müssen es sein, die einen »entdecken«, sonst macht ihnen die Sache keine Freude. All die anderen Frauen, die er jetzt haben könnte, bemerkt er nicht einmal, er will nur Daisy. An seinem Reichtum liegt ihm nichts, er braucht ihn ja nur für sie. Wenn sie durch Literatur zu beeindrucken gewesen wäre, wäre er eben ein berühmter Dichter geworden. Wenn sie

Zirkusartisten bewundert hätte, hätte er sein Leben am Trapez riskiert.

Und eines Tages, nach fünf unbarmherzigen Jahren des Wartens, geschieht es dann tatsächlich: Daisy findet den Weg zur Villa, erkennt den großen Plan und sinkt ihrem Anbeter glücklich in die Arme. Doch der Leser merkt eigentlich gleich, daß sie sich nicht an jenem berauscht – sie selbst ist das Objekt ihrer Gefühlswallung. Denn was für eine hinreißende Persönlichkeit muß sie sein, wenn dieser begehrenswerte Mann einen so übermenschlichen Kampf um sie geführt hat?

Ein einziger Augenblick echten Gefühls scheint sie zu überwältigen, als er ihr bei einem Rundgang durch sein Reich die aufwendige Garderobe zeigt, die er sich – um ja auch hier auf ihrem Niveau zu sein – aus London schicken ließ. Schluchzend verbirgt sie ihr Gesicht in einem Stapel maßgeschneiderter Hemden: »Ich habe in meinem ganzen Leben noch nie solche ... solche wundervollen Hemden gesehen ...«

Der Höhenflug dauert jedoch nicht lang, die Sensation verliert bald ihren Neuigkeitswert. Daisys Begeisterung beginnt zu versickern – zu der im ersten Überschwang beschlossenen Trennung von ihrem langweiligen Ehemann kommt es nicht mehr. Gatsby scheint jedoch von all dem nichts zu merken – je weiter die Geliebte sich entfernt, desto hartnäckiger klammert er sich an seinen Traum. Man ist daher fast erleichtert, als er an einem der letzten schönen Tage jenes Sommers dank eines verhängnisvollen Mißgeschicks umgebracht wird. Um nicht kompromittiert zu werden, packt Daisy ihre Koffer und geht mit ihrem Mann auf Reisen. Zur Beisetzung schicken sie nicht einmal Blumen.

Da dieser Roman ein Welterfolg wurde und mehrmals in Starbesetzung verfilmt ist, liegt der Schluß nahe, daß viele Leser sich in der Figur seines Helden wiedererkannten. Daß sie in Gatsbys einsamem Kampf um eine Liebe, die es nicht geben *konnte* – weil die, von der sie erwartet wurde, in ihrer Gefühlswelt viel zu *beschränkt* war –, zumindest einen Teil ihrer eigenen Verstrickungen wiederfanden.

Daisys und ihres Mannes Grenzen werden freilich an

keiner Stelle des Buches ausdrücklich festgestellt: »Sie waren eben leichtfertige Menschen, Tom und Daisy«, heißt es am Ende des Romans, »sie zerschlugen gedankenlos, was ihnen unter die Finger kam, totes und lebendes Inventar, und zogen sich dann einfach zurück auf ihren Mammon oder ihre grenzenlose Nonchalance oder was immer das gemeinsame Band sein mochte, das sie so unverbrüchlich zusammenhielt...«

Doch da Mammon und Gefühlskälte, Reichtum und Einfalt im Grunde das gleiche sind – da eben diese Ingredienzien in einem solchen Fall Nonchalance überhaupt erst möglich machen –, mußte man den betörenden Glanz der *Dummheit*, dem dieser wahrhaftig *große* Gatsby schließlich unterliegt, gar nicht eigens erwähnen.

Die Intelligenz des Computers ist die Dummheit des Menschen

Dummheit? Ja. Wann immer in diesem Buch von Intelligenz oder ihrem Gegenpol, der Dummheit, die Rede ist, soll dieser Begriff in einem aktualisierten Sinn verstanden werden. Das von Thurstone 1938 definierte und von der Psychologie noch heute weitgehend anerkannte Konzept der Primärfähigkeiten, die die Intelligenz eines Menschen ausmachen – nämlich sprachliches Verständnis, Assoziationsflüssigkeit, Rechengewandtheit, räumliches Denken, Gedächtnis, Auffassungsgeschwindigkeit und schlußfolgerndes Denken –, ist im Jahrhundert des Computers überholt. In fast allen diesen Bereichen sind uns Maschinen inzwischen überlegen: Sie begreifen schneller, kombinieren scharfsinniger, kalkulieren genauer, recherchieren gründlicher, erinnern sich zuverlässiger und folgern logischer als Personen. Falls man also den klassischen Intelligenzbegriff beibehielte, gäbe es bald schon überhaupt keine wirklich intelligenten Menschen mehr – abgesehen davon, daß menschliche Intelligenz damit praktisch überflüssig wäre.

Man sollte also mit *Intelligenz* heute zweckmäßiger das bezeichnen, was uns Menschen den Maschinen, zumindest auf einem bestimmten Sektor, noch immer überlegen macht und sich demzufolge weder zuverlässig messen noch in »Intelligenzquotienten« ausdrücken läßt. Das wären dann zum einen *Phantasie* (Vorstellungsvermögen, Einbildungskraft, Einfallsreichtum, die Fähigkeit zu abstraktem Denken) und zum andern *Sensibilität* (Empfindsamkeit, Einfühlungsvermögen, Instinkt, Mitgefühl, Takt). Stark vereinfacht sind diese Qualitäten erkennbar an dem Maß an *Originalität, Kreativität* und *Humor,* über die eine bestimmte Person verfügt, und – da sie sich dank ihrer Sensibilität in andere »hineindenken« kann – aus dem Grad an *Rücksicht, Hilfsbereitschaft* und *Toleranz,* die sie ihnen entgegenbringt. Statt vom *Intelligenzquotienten* sollte man heute also besser vom *Intelligenzvolumen* sprechen.

Wenn man diese Formel
Intelligenz = Phantasie + Sensibilität
gelten läßt, ist *Dummheit* ihre Umkehrung. Man kann sie definieren als *Phantasielosigkeit* (Mangel an Vorstellungsvermögen und Einbildungskraft, Einfallsarmut, die Unfähigkeit zu abstraktem Denken) und *Unsensibilität* (Instinktlosigkeit, Taktlosigkeit, Gefühlskälte, Dickfelligkeit). Ein dummer Mensch wäre demnach *unoriginell, unkreativ* und *humorlos* und gegenüber anderen – in die er sich ja mangels Feingefühl nicht hineinversetzen kann – *mitleidlos, rücksichtslos* und *intolerant.* Dummheit darf also nicht länger mit *Ignoranz* (Unwissenheit) verwechselt werden: *Bildung* (Wissen) kann man kaufen, Intelligenz nicht.

Nach dem hier verwendeten Begriff kann also auch jemand, der es in unserer Gesellschaft aus eigener Kraft zu hohem Ansehen und Reichtum bringt – ein brillanter Unternehmer etwa, ein gefeierter Chirurg, ein erfolgreicher Wissenschaftler –, im Grunde ein dummer Mensch sein, während sich unter Umständen hinter einem sogenannten Versager ein überdurchschnittlich intelligenter verbirgt.

Damit soll freilich nicht die Theorie aufgestellt werden, daß ein Untergebener immer ein Ausbund an Phantasie und Feingefühl sei, seinem Vorgesetzten in jeder Hinsicht überlegen. Tatsache ist wohl, daß viele sich nichts sehnlicher wünschen, als den Spieß umzudrehen und ihrerseits die Macht zu übernehmen. Doch in der Bewertung von Menschen sollten Qualitätsurteile fairerweise ja nur dort ausgesprochen werden, wo einer die Wahl hatte, sich so oder so zu verhalten: Da Arme meist nicht wählen können, kommt ihre Verurteilung einem Eingriff in ein schwebendes Verfahren gleich.

Man darf also lediglich sagen, daß es in der sogenannten Unterschicht von phantasielosen, unsensiblen Individuen vermutlich nur so wimmelt. Für die Mittelschicht ergeben sich zumindest starke Verdachtsmomente. Und für die Oberschicht kann man es, wie wir sehen werden, tatsächlich auch beweisen.

So mancher scheint sogar auf allerhöchster Ebene einen gewissen Mangel an Phantasie zu vermuten: »Lieber Gott«, schreibt da eine gewisse Margo in der von den amerikanischen Autoren Eric Marshall und Stuart Hample zusammengestellten Sammlung von ›Children's Letters to God‹[*] (Kinderbriefe an Gott), »mein Vater ist sehr gescheit. Vielleicht könnte er Dir helfen?«

---

[*] Eric Marshall/Stuart Hample: Children's Letters to God. New York 1975

I Dummheit & Reichtum

> Lieber Gott, kriegst du immer die richtigen Seelen in die richtigen Leute? Du könntest dich ja irren.
> (Cindy, Children's Letters to God)

Madame Rothschild und die anderen

Wer von Zeit zu Zeit dem Verhalten unserer Oberschicht Beachtung schenkt, wird sich eventuell auch fragen, was wohl in den Köpfen dieser Elitemenschen vor sich geht.

Was denkt zum Beispiel ein Mailänder Fabrikdirektor, wenn er seinen neuen Ferrari vor den Werkhallen seiner Arbeiter parkt? Denkt er: Jetzt will ich diesen armen Teufeln einmal zeigen, wie weit es ein ehrlicher Mann in unserer Gesellschaft bringen kann? Der Anblick dieses Superschlittens wird bestimmt ein Symbol der Hoffnung für sie werden?

Was denkt eine New Yorkerin, wenn sie in einem Dreißigtausend-Dollar-Pelz vom Shopping bei Saks zum Tee ins Plaza schlendert, womöglich vorbei an Leuten, die nicht wissen, wo sie die Nacht verbringen sollen? Denkt sie: Ist das nicht wunderbar, daß ich allen diesen einfachen Menschen diese herrlichen Tierkadaver zeigen kann? Wann kommt einer von denen schon nach Afrika?

Was denkt das südamerikanische Society-Paar, wenn es die Mauer um seine Villa an der Côte mit Stacheldraht und Glassplittern bestücken läßt? Denkt es: Wollen wir doch den lieben Pauschaltouristen ein Geheimnis schenken – diese unüberwindbaren Mauern werden ihre Phantasie beflügeln wie sonst nichts?

Was denken Yachtbesitzer, wenn sie, bestaunt von zerlumpten Kindern, in einem malerisch-trostlosen Küstenort an Deck ihres Fahrzeugs ein üppiges Diner verzehren? Denken sie: Leben und leben lassen? Oder: Das wäre doch nur ein Tropfen auf den heißen Stein? Oder: Dafür haben die dieses herrliche südliche Klima?

Was dachte Nadine de Rothschild, als sie einer französischen Zeitschrift[*] den Abdruck eines Interviews gestattete, das folgendermaßen beginnt:

»Sie sind die Frau des Barons Edmond de Rothschild

---
[*] In: Maison Française, September 1983

... Sie befinden sich immer zwischen zwei Flughäfen, auf dem Weg zu einem Ihrer Wohnsitze. Wie viele davon haben Sie genau?«
»So an die zehn, zwischen Israel, Tunesien, Österreich, Bordeaux, Kalifornien, eine Zweizimmerwohnung über dem Hafen von Quiberon und ein Schloß in Genf, wo ich lebe. Möglich, daß ich einen vergessen habe...«
»Welchen ziehen Sie vor?«
»Ehrlich gesagt, ich weiß es nicht. Ich liebe alle diese Häuser, weil sie die meinen sind.«
Als sie sich dergestalt den niederen Ständen offenbarte, räsonierte sie da wie jene britische Königin, die auf die Frage, welche Juwelen sie für ihren Besuch bei den Armen anzulegen wünsche, entgegnet haben soll: »Geben Sie mir die schönsten, damit sie nicht enttäuscht sind«? Ist das der Grund, wenn sie sich im Verlauf des Gesprächs dann auch noch rühmt, nie anders als in langer Robe zu speisen, und für ein romantisches Diner am Kamin zu Kaviar rät, weil so der Herr eine Hand frei behalte, um die freie Hand der Dame zu liebkosen?
Leider gibt es Grund, zu vermuten, daß alle diese Erklärungen zu weit hergeholt sind: daß die Handlungen dieser Herren und Damen erst dann einleuchtend werden, wenn man davon ausgeht, daß sie sich dabei *gar nichts* denken. Daß – man verzeihe der Autorin dieses melodramatische Argument – in einer Welt, in der morgens in der Zeitung steht, wie viele an diesem Tag voraussichtlich verhungern werden, und abends auf dem Bildschirm gezeigt wird, wie viele gerade wieder obdachlos geworden sind, eine so offene Zurschaustellung von Überfluß nichts weiter ist als das, was sie eigentlich nur sein kann: Zeugnis eines totalen Mangels an Phantasie, Dokument einer völligen Abwesenheit von Einfühlungsvermögen.
Zugegeben, es gibt Süchte, und die Sucht nach Geld ist sicher ebenso unberechenbar wie jede andere. Der Kettenraucher weiß, daß er seine Lungen ruiniert, und raucht trotzdem weiter. Der Alkoholiker trinkt sich unbeirrt seinem körperlichen und geistigen Verfall entgegen, der Bourbon ist ihm das wert. Der Fixer weiß, daß er sich in den Tod spritzt, und will trotzdem nichts ändern. Sicher

gibt es auch ein krankhaftes Verlangen nach Reichtum, wo einer Barren auf Barren stapelt, ohne nach dem Preis zu fragen. Wie die anderen Süchtigen weiß er, daß er damit im Grunde Tod verbreitet – nicht seinen eigenen hier, sondern den jener, die er retten könnte –, und trotzdem kann er nicht von seiner Droge lassen. Allen diesen Süchtigen ist jedoch gemein, daß sie ihr Laster zu verbergen suchen. Wenn man sie fragt, werden sie so lang wie möglich leugnen: Sie genieren sich.

Madame Rothschild und ihre Clique – dies sei ohne Entrüstung, lediglich als Beobachtung vermerkt – haben miteinander gemein, daß sie sich nicht genieren. Sie versuchen nicht einmal, ihren enormen Reichtum hinter einer bürgerlichen Fassade zu verstecken – im Gegenteil, sie weisen bei jeder sich bietenden Gelegenheit ausdrücklich darauf hin. Den Zynismus, der in ihren Protzereien liegt, sehen sie nicht. Das Ausmaß menschlicher Barbarei, das aus ihren Statements spricht, belastet sie nicht. Die Nichtrettung von Leben, die sie durch die Anhäufung von Privatvermögen verschulden, erschreckt sie nicht. Warum auch, sie merken ja nicht einmal, daß sie sich mit ihrem eigenen Leben in Gefahr begeben: Daß die Reichen durch das brutale Zurschaustellen ihrer Verschwendung die Armen auf noch brutalere Gedanken bringen können, haben sie noch immer nicht ganz gemerkt. Falls man sie fragt, werden sie sogar behaupten, daß sie ohne Geld genauso glücklich wären. Nur hergeben werden sie es eben nicht.

Und das alles nicht aus böser Absicht – wie die meisten Menschen sind wohl auch Reiche und Superreiche im Grunde ihres Wesens gut. Sie *können* nicht erkennen, was sie machen: Es fehlt ihnen das Feingefühl, um ihre eigene Grobheit zu entlarven, es mangelt die zum Mitleiden und Mitfreuen – ist eine größere Freude vorstellbar als die des Lebensretters? – notwendige Phantasie. Ein Reicher kann gebildet, gerissen, schön, kultiviert, mutig, unternehmungslustig sein, und häufig ist er es sogar. Nur *intelligent* – falls man darunter nicht die Fähigkeiten des Computers, sondern eine Summe von Phantasie und Sensibilität versteht – ist er auf gar keinen Fall.

Wäre er es, könnte er nicht der bleiben, der er ist: Er

wäre kein Reicher. Ein intelligenter Mensch kann vielleicht reich werden, reich bleiben könnte er nicht. Als Faustregel mag gelten, daß der Luxus, mit dem einer sich umgibt, stets in umgekehrtem Verhältnis zu seinem Vorstellungsvermögen steht.

Unterirdische Museen

Doch weg von der Beweisführung mit den darbenden Kindern, die sicher vielen zu pathetisch ist. Zudem tun alle diese feinen Leute ja schon ihre karitativen Werke. Zuweilen werfen sogar sie aus keimfreier Entfernung einen steuerfreien Tropfen auf den heißen Stein. Und wenn sie auf ihren Schlössern allzu aufwendige Feste feiern, spendieren sie den Dorfbewohnern fast immer ein kleines Feuerwerk.

Um die These von der Phantasielosigkeit der Reichen zu untermauern, ist es gar nicht nötig, in die dritte oder vierte Welt hinauszuwandern – wer's drauf anlegt, erkennt sie hier und jetzt. Denn von diesen auf Eliteschulen sorgfältig ausgebildeten Elitemenschen, die im Unterschied zu andern jede, aber auch wirklich jede Möglichkeit haben, ihre Kreativität frei zu entfalten (und die Mittel, um anschließend für ihr Produkt zu werben), kommt mit schöner Regelmäßigkeit nur eines: *nichts*.

Die Stille ist in der Tat so radikal, daß sie einen auf seltsame Gedanken bringen könnte: Ist es am Ende gerade ihre gute Erziehung, das Bewußtsein ihrer Privilegien, die unserer Geldelite auf diesem Gebiet Zurückhaltung auferlegt? Verbirgt sie ihre Meisterwerke, weil sie die Artisten niederer Stände – Plebejer wie Gabriel García Márquez, Stanley Kubrick, Francis Bacon – nicht ihrer kleinen Erfolgserlebnisse berauben will? Existieren unterirdische Museen, Konzertsäle, Bibliotheken, in denen Reiche sich diskret ihre Meisterwerke zeigen – von denen wir vielleicht nur darum nichts erfahren, weil man sie ausschließlich auf Empfehlung seiner Hausbank betreten darf?

Leider ist auch hier zu befürchten, daß solche Vorsicht übertrieben ist. Selbstverständlich gibt es reiche Damen, die sich in den schönen Künsten üben. Doch wenn es hart auf hart kommt, heuern sie eben doch lieber einen phantasievolleren Menschen an. In der Regel haben sie daher weder die Häuser eingerichtet, in denen sie wohnen, noch die Bilder gemalt – oder auch nur gewählt –, die darin hängen. In der Regel haben sie weder die Menüs kreiert, mit denen sie ihre Gäste überraschen, noch das Porzellan, aus dem gegessen wird. In der Regel haben sie weder die Roben entworfen, in denen sie sich bewundern lassen, noch den Schmuck, in dem sie glänzen. Und wenn zuweilen eine Dame der Gesellschaft erlaubt, daß man unter ihrem Namen ein Parfüm lanciert – *non olet* –, kann man sicher sein, daß irgendein Anonymus seine Nase für sie hingehalten hat.

Mit ihrem Gatten verhält es sich nicht anders. Dieser Herr spürt zwar ganz deutlich, wie er ein großes Kunstwerk in sich trägt – nur leider: die Geschäfte ... Denn Zeit ist für einen Reichen wohl Geld, aber Geld ist deswegen noch lang nicht Zeit. Auch wenn er längst genug besitzt, um sich tausend komfortable Künstlerleben zu spendieren, arbeitet er lieber bis zur Erschöpfung in seiner Privatbank und bleibt auf seinem Niveau.

Obwohl also etwa ein Reicher, der gern liest, jede Voraussetzung hätte, die Nachwelt mit einem literarischen Meisterwerk zu beglücken, kommt aus diesen Kreisen seit Proust so gut wie nichts. Obwohl die Musikliebhaber unter ihnen weder bei Met-Premieren noch in Salzburg fehlen, sich theoretisch sogar einen wie Leonard Bernstein leisten könnten, damit er ihnen die Grundlagen des Handwerks erklärt, haben Reiche weder in der klassischen noch in der populären Musik maßgebliche Komponisten hervorgebracht. Obwohl sie nicht einmal das Haus verlassen müssen, um Werke großer Maler zu studieren, kommt aus den Reihen unserer Society – und sei es als Gegenleistung für die Meisterwerke, die sie scheckschreibend vor unseren Augen klaut – immer nur wieder *kein* Genie. Obwohl die geistreichsten Menschen ihrer Zeit an ihrer Tafel weilen, hinterlassen uns Geldaristokraten nicht einmal brauchbare Bonmots. Die Witze und Anekdoten, mit denen sie ihre Gäste unterhalten, stammen nie von ihnen selbst. Und wenn einer seine Rede vor dem Oberhaus mit Geistesblitzen schmücken möchte, läßt er sich von Emporkömmlingen wie Shakespeare bedienen.

Und falls man sein Augenmerk auf weniger anspruchsvolle Bereiche lenkt, wo ein Reicher sich natürlich ebenfalls jede erdenkliche Extravaganz gestatten könnte, findet man auch hier lediglich die gähnende Leere der Einfallslosigkeit. Wohl gibt es zuweilen einen spleenigen Briten, der auf seinen Gütern Lokomotive fährt. Doch in der Regel hängt das, was ein Reicher in seiner Freizeit tut, von einem ab: Was tut ein Armer in seiner Freizeit? Was dieser nicht macht – aus dem einfachen Grund, daß er es sich nicht leisten kann –, macht dann jener. Der Sport, in dem ein Geldmensch sich hervortut, ist immer zweite Wahl: Die Armen haben keine Reitpferde, keine Segelboote, keine Tennisplätze, keine Golfgelände – das ist es also, was ihn fasziniert: Falls man einen Reichen sonntags morgens statt beim Golf auf einem stillen Nebenweg beim Fahrradfahren überrascht, hat der eine so gewaltige intellektuelle Leistung hinter sich, daß man nur noch ergriffen zur Seite treten kann.

Mit der großen Freizeit Ferien ist's dasselbe. Einberufen von einer dunklen Macht, tritt das Bataillon der Besitzenden in sportlichen Alta-Moda-Uniformen zweimal im Jahr zum Dienst an der Lebensfreude an. Von einem wirklich großen Menschen läßt sich nicht nur prophezeien, zu welchem gesellschaftlichen Ereignis er von einem Ende der Welt zum andern jetten wird, man kann auch voraussagen, mit welchem Skifabrikat er im nächsten Winter an welchem Skilift hängt und um wieviel Uhr er im kommenden Sommer an welchen Strand auf welcher Welle reitet.

Und auch wenn der staunende Zaungast dabei nie ganz fernzuhalten ist, bleibt das doch immer noch amüsanter als die ewigen Ferien auf dem eigenen Inselchen. Denn erstens ist man kein Autist, und zweitens hat man ja gegen die Gesellschaft einfacher Menschen (solange sie sich anständig benehmen und in gebührendem Abstand halten) gar nichts einzuwenden. Sollten sie wirklich einmal ihren Platz vergessen, kann man sich immer noch damit trösten, daß schließlich ein Badekleid von Dior nirgends so vorteilhaft zum Tragen kommt wie neben einem von Woolworth.

Hätte der Adel etwas mitzuteilen?

Doch die Elite dieser Welt besteht ja glücklicherweise nicht nur aus Reichen und Superreichen. Wie ist es mit ihrer weniger verrufenen Variante, den *Titelträgern* jeglicher Couleur? Hier sind die Übergänge freilich fließend. Da sie sich alles und jeden kaufen können, sind Reiche oft schon in der zweiten Generation von Adel. Adelige der höheren Stände sind ehemalige Geldleute, zuweilen sind sie sogar heute noch reich. Und Akademiker gibt es in beiden Lagern ohnehin haufenweise.

Auf jeden Fall ist es diese Kaste, die den Takt angibt, nach dem wir andern nach Möglichkeit zu tanzen haben. Das Maß an Respekt, Rücksicht, Höflichkeit, Ehrerbietung, das wir unseren Mitbürgern schulden – die *guten* Manieren, den *guten* Ton –, kennen am besten sie, denn schließlich hatten sie ja auch die *gute* Kinderstube. Wenn ein europäischer Staatsmann einen andern empfängt, kann man sicher sein, daß das Protokoll von einem waschechten Aristokraten stammt, und meist hat der zwischen seinen sonstigen Beinamen auch noch ein Universitätsdiplom versteckt. Damit will man uns bedeuten, daß er nicht nur mehr Geschmack hat als wir andern, sondern auch noch denken kann. Kann er es?

Geldleute besitzen Burgen und Schlösser, und wie wir gesehen haben, benehmen sie sich auch entsprechend. Wie steht's mit denen, die das alles hatten und sich benehmen, als hätten sie's immer noch? Handelt es sich hier um eine gesteigerte Form von Dummheit, oder ist bereits eine niedere Form von Intelligenz im Spiel? ›Mitteilung an den Adel‹ hieß die Abrechnung einer deutschen Aristokratin mit ihrer unbürgerlichen Vergangenheit.[*] Hatte ihre Botschaft Chancen, bei den Adressaten anzukommen, oder hat sie sie von vornherein in einen toten Briefkasten gesteckt? Hätte unser Adel seinerseits etwas mit-

---

[*] Elisabeth Plessen: ›Mitteilung an den Adel‹. Köln ⁵1977

zuteilen, und was? Und wie steht's mit den anderen Titelträgern, den Akademikern jeglichen Reifegrads? Sind nicht längst sie unsere eigentliche Aristokratie?

Beginnen wir daher bürgerlich:

Was meint zum Beispiel ein Mediziner, wenn er sich außerhalb seines Amtes – wo sein Titel vielleicht beruhigende und somit therapeutische Wirkung hat –, also etwa vom Portier seines Appartementhauses, mit »Herr Doktor« titulieren läßt? Will er sagen: Wo tut's denn weh, mein Bester – los, erzählen Sie mir Ihren Kummer, um Ihnen zu helfen, wohne ich ja hier?

Was bezweckt ein Professor der Jurisprudenz oder Ökonomie, wenn er im Register seines Ferienhotels pedantisch seine akademischen Würden notiert? Bietet er damit den älteren Gästen seinen Gratisrat beim Verfassen ihres Letzten Willens an? Möchte er andeuten, daß er an Regentagen mit Vergnügen ein Seminar über die Vorzüge des freien Marktes abhalten wird?

Und wie steht's mit denen, die »das Leben« adelt? Ist ein Konsul oder Doktor *honoris causa* einer, der sein Prädikat aus übergroßer Vorsicht vor den Namen stellt? (»Falls Sie darauf bestehen, können Sie mich schon so nennen, aber ich warne Sie, ich bin ein falscher!«) Wollen die Mitglieder der Ehrenlegion – *Légion d'honneur* – durch ihr unübersehbares Knopflochzeichen darauf hinweisen, daß es ihnen eine Ehre wäre – *un honneur* –, verirrten Touristen den Weg zum Eiffelturm zu zeigen? Und welche heimliche Lektion erteilt uns ein Lord, wenn er sich samt Vorspann ins ewige Leben katapultiert? Gut, seine Königin wollte ihm vor soundso viel Jahrzehnten mit diesem Titel eine Freude machen, und das Gentleman brachte er es nicht über sich, die Dame durch eine Ablehnung zu verletzen. Doch hat man von ihm verlangt, das bis zum Ende durchzuhalten?

Dann der »eigentliche« Adel:

Was geht vor in einem Menschen, der uns beim Nachtisch gesteht, er gehöre einer »alten Familie« an? Will er sagen: Sie Glückspilz, Sie haben's gut, weil die Ihre nagelneu ist? Ist das Wörtchen »von« ein Service, mit dem uns unser Gegenüber die Frage nach dem Wohnsitz ersparen will?

Und wenn schon: Was treibt einen Grafen, sich als Grafen, einen Herzog, sich als Herzog einzuführen? Etwa: Lassen Sie sich von meinen Tischmanieren bloß nicht blenden, in Wahrheit gehörten meine Vorfahren zu jenem Pack, das die Menschenrechte ignorierte, den sozialen Fortschritt blockierte, seine Bauern ausbeutete, seine Knechte züchtigte, seine Mägde schwängerte? Ist dieses eigentümliche Beharren der Adeligen auf ihrem Prädikat als öffentliches Schuldbekenntnis zu verstehen? Eine Art Bewältigen der kriminellen Vergangenheit ihrer jeweiligen Familien?

Zu weit hergeholt?

Aber was dann?

Robert Musil, ein Sachverständiger auf diesem Gebiet (er war Akademiker und von Adel und hat von beiden Prädikaten nicht Gebrauch gemacht), notiert in seinem Tagebuch zu dieser Problematik folgendes: »... Die Hauptsache daran ist, wie leicht es die Bürgerlichen einem Adeligen machen, etwas zu erreichen. Ihm stehen alle Wege offen, und er wird empfangen, wo es sehr viel Name braucht für einen andern. Man ist viel rascher von ihm entzückt. Mit einem Wort, er findet überall offene Türen.«*

Wenn er recht hätte?

Wenn die Handlungsweise unserer Aristokraten auf der unaristokratischen Basis niederer Instinkte funktionierte? Wenn sie ihre mehr oder weniger glanzvollen Beinamen um eines – und sei es noch so subtilen – Vorteils willen trügen? Wenn ihre Prädikate Einschüchterungs- und Abwertungsversuche wären? Wenn sie uns dadurch bedeuten wollten, wie unbedeutend wir im Vergleich zu ihnen sind – daß es also eine Ehre sei, wenn »man« überhaupt mit uns redet? Wenn Feierabend-Akademiker mit ihrem Titel all denen, in deren Elternhaus es für ein Studium nicht reichte, beweisen wollten, daß sie nicht nur arm, sondern auch noch ungebildet sind?

Wenn die Zurschaustellung von Auszeichnungen, genau wie die von Geld, nichts weiter signalisierte als die-

---

* Rolf Kieser: Erzwungene Symbiose. Thomas Mann, Robert Musil, Georg Kaiser und Bertolt Brecht im Schweizer Exil. Bern 1984

ses: totalen Mangel an Instinkt, Takt, Geschmack, Phantasie, Feingefühl? Wenn sie totale Abwesenheit an Geist bedeutete?

Würde dann der sogenannte *gute Geschmack* von denen propagiert, die keinen haben?

Wird der sogenannte *gute Ton* von denen angestimmt, die nicht über ein Mindestmaß an Takt verfügen?

Wird das *gute Benehmen* von denen diktiert, die sich nicht einmal selber zu benehmen wissen?

Ist *Höflichkeit* eine Domäne der Ungehobelten, *Stolz* ein Spezialgebiet der Überheblichen, *Vornehmheit* ein Kriterium der Vulgären?

Ist das der tiefere Grund, daß Adel und Geld sich so reibungslos ergänzen? Weil die einen die Regeln aufstellen, die den andern das Bewußtsein geben, trotz allem alles *richtig* zu machen?

Denn es ist richtig, seinen Fahrer beim Vornamen zu nennen, solang der sich stets mit »Herr Direktor« revanchiert.

Es ist richtig, seiner Zofe ein weißes Häubchen zu verehren, wenn sie nicht mit gleicher Münze zurückschlägt.

Was soll's – der ranghöchste Gast sitzt nun mal zur Rechten, der rangniedrigste wird irgendwo kaschiert. Und wenn man nicht ganz sicher ist, ob man jemand ein zweites Mal empfangen möchte, drückt man ihm am besten ein Hummerbesteck in die Hand.

Denn Hierarchien sind nun einmal nötig – *um Himmels willen, wo käme man sonst hin?* –, und eine gute Kinderstube läßt sich am ehesten daran erkennen, daß man die Gesetze der Barbaren genauestens beherrscht und ohne sichtbare Schwierigkeiten bei der Vollstreckung mitwirkt.

Besitz macht schön

Eine dritte Sorte Privilegierter ist zu berücksichtigen, wenn man die Macht der Dummheit im gesellschaftlichen Bereich erfassen will. Denn unsere Geldleute, die sich, wie gesagt, beinah alles und fast jeden kaufen können, sind oft nicht nur von vornehmstem Adel: Wenn das

Schicksal wenigstens ein bißchen kollaboriert, sind sie auch noch schön.

Davon wird wenig geredet, denn die Systemveränderer können zwar unter Umständen Privatbesitz enteignen und Adelsprädikate untersagen. Gegen die Schönheit eines Menschen ist jedoch kein Kraut gewachsen: Wie soll man Frauen verbieten, den Atem anzuhalten, wenn ein attraktiver Mann den Raum betritt? Wie könnte man Männer daran hindern, gutgewachsenen Frauen nachzustarren?

Natürlich wird eine Familie von wohlhabenden nicht in der gleichen Generation zu einer von schönen Menschen, denn auch die Möglichkeiten der kosmetischen Chirurgie sind ja begrenzt. Ein Schöner kann, etwa durch Heirat, über Nacht zu einem Reichen werden. Umgekehrt dauert die Verwandlung etwas länger, doch nachweislich tritt sie ein. Begüterte, seien es nun Männer oder Frauen, heiraten in bezug auf die eigene Physis fast immer eine oder mehrere Stufen hinauf. Daß reiche oder berühmte Männer – egal, wie sie selbst aussehen – sich nach Möglichkeit bildschöne Frauen nehmen, ist bekannt. Doch wenn man etwa die Prinzgemahle europäischer Monarchinnen betrachtet, wird man feststellen, daß auch hier mit sichtlichem Vergnügen nach ästhetischen Maßstäben ausgewählt wird.

Natürlich tun sie das nicht in der Absicht, schöne Kinder zu zeugen – der Partner selbst ist der Gegenstand der Begehrlichkeit. Doch das Ergebnis sind nun einmal sehr oft schöne Kinder. Und da diese später dann wieder zwar möglichst reiche, aber vor allem möglichst schöne Menschen freien – Vermögen haben sie ja schon –, liegt so unter Umständen nach zwei, drei Generationen eine Großfamilie um den Pool, von der jedes einzelne Mitglied notfalls sein Geld auch beim Film verdienen könnte. Das gute Aussehen der Kennedys ist alles andere als Zufall.

Da Schönheit bei den weniger damit Gesegneten in der Regel nichts anderes auslöst als staunende, hilflose Bewunderung, sind die Folgen ziemlich verheerend. Die Geschichte einer jeden Gelddynastie – heißen sie nun Vanderbilt, Rockefeller, Patiño, Agnelli, Schneider,

Krupp, Flick oder wie auch immer – ist zumindest in ihren Anfängen und zuweilen auch noch in der Mitte und am Ende eine der mehr oder minder ausgeprägten Kriminalität.

Da wurden Hungerlöhne gezahlt, Kinderarbeit verhökert, Schwarze versklavt, Indianer vertrieben, Waffen geschoben, Streiks niedergeschlagen, Politiker bestochen, ja sogar die Kollaboration mit einem antisemitischen Massenmörder ist im einen oder andern Fall zu vermelden. »Hinter jedem Vermögen steckt ein Verbrechen«, heißt es bei Balzac. Doch statt daß die Gesichter der Erben von den Gemeinheiten ihrer Vorväter gezeichnet wären, erscheinen sie nicht selten in der edlen Schönheit menschgewordener Götter.

Falls man einem solchen Prachtexemplar zufällig begegnet, fällt es schwer, einen kühlen Kopf zu bewahren. Man weiß zwar, welchen unsauberen Manipulationen der Gastgeber seinen Status verdankt, doch wenn man ihm dann an einem warmen Sommerabend auf der Terrasse seiner Ferienvilla gegenübersitzt, unten das Meer, im Park die Zikaden, in den Händen der Drink zum freundlichen Hin und Her des Smalltalk, ist man von seinem Liebreiz dermaßen überwältigt, daß man jede vernünftige Perspektive verliert. Ganz offensichtlich gibt es Menschen, deren Vollendung so groß ist, daß sie ein vollendetes Milieu verdienen – wer wollte hier pedantisch sein?

Es ist wie in jener Geschichte vom ›Bildnis des Dorian Gray‹: Unwillkürlich beginnt man sich zu fragen, ob dieses perfekte Geschöpf mit seinen ebenmäßigen Zügen, dem offenen Lachen, der melodischen Stimme, den eleganten Bewegungen wie jener Held Oscar Wildes in irgendeinem der vielen Zimmer seiner Villa sein eigentliches Konterfei versteckt: ein Gesicht, in dem sich die direkte Brutalität des Ahnen mit der indirekten des Erben vermählt, in dem die aktive Raffgier des Vermögensgründers mit der passiven des Nutznießers zu jener abstoßenden Fratze verschmilzt, wie sie im Namen irdischer Gerechtigkeit nun um Himmels willen einmal sein müßte.

Doch natürlich würde man vergeblich nach einem solchen Bildnis suchen. Dorian Gray ist eine von einem genialen Moralisten erfundene Phantasiefigur. Im wirklichen Leben gibt es wohl bildschöne Arme; denn zum einen sind nicht genug Reiche da, um alle aufzukaufen, zum andern sind einige Menschen wohl tatsächlich unverkäuflich. Doch gerade die Unschuldigsten unter uns sind leider oft von atemberaubender Häßlichkeit, während die Schuldigsten (unschuldige Reiche kann es per definitionem nicht geben) nicht selten von ebenso atemberaubender Schönheit sind.

Das geht so weit, daß man beispielsweise in Städten wie Mailand oder Rom das Gefühl haben kann, die Bevölkerung bestünde aus zwei völlig verschiedenen Rassen. Hier die anmutige, langbeinige, hellhäutige Kundin, die selbstsicher mit dem Autoschlüssel winkt, dort das gedrungene, grobschlächtige, dunkelhäutige Lehrmädchen, das ihr schüchtern den Einkauf zum Alfa trägt.

»Die schönsten Mädchen gibt es nicht in Stockholm, nicht in London, nicht in Paris«, läßt Godard etwa in dem Film ›Außer Atem‹ seinen Helden Belmondo schwärmen, »die schönsten Mädchen gibt es in Lausanne!« Und wie könnte es anders sein? In der französischen Schweiz sind jene Institute, in denen unser Geldadel seine Erben am liebsten auf ihr seltsames Leben vorbereiten läßt. Die Gefahr, daß sie andere als ihresgleichen treffen, ist dort wesentlich geringer, und dies wiegt gerade in jungen Jahren schwer. Eine sorgfältige Erziehung schärft die Empfindsamkeit. Der junge Erbe könnte daher leicht auf abwegige Gedanken kommen – und sich zum Beispiel fragen, warum auf dieser Welt die einen immer zuviel und die andern immer zuwenig zu haben scheinen. In der richtigen Umgebung schafft man den Sprung vom reichen Elternhaus in die reiche Ehe, ohne ein einziges Mal zur Besinnung zu kommen.

Da unser Thema die menschliche Dummheit ist, sei hier noch angemerkt, daß schöne Menschen diese vorteilhafte Eigenschaft häufiger als andere besitzen und sich daher auch aus diesem Grund zur Verschwägerung mit der Sippe der Reichen eignen.

Nicht etwa, weil sie dumm geboren wären: *Es gibt keine phantasielosen, unsensiblen Kinder.* Wie phantasievoll einer im späteren Leben sein wird, ist – stark vereinfacht – abhängig von der Quantität und Qualität der Anregungen, die seine angeborene Phantasie erhält; wieviel Sensibilität er entwickelt, von der Quantität und Qualität der Verletzungen, die man seiner Psyche zufügt.

Falls es zu viele sind, kann er sie nicht verkraften: Er wird lethargisch und stumpft ab (eine Verwüstung, die sich immer wieder bei Heimkindern beobachten läßt). Sind es »zu wenige«, werden seine Sinne eingeschläfert, seine Sensibilität kann nicht reifen und bleibt auf einem bestimmten, mehr oder weniger niederen Niveau. Kommen sie im »richtigen« Quantum und Tempo, so schärft sich seine Empfindsamkeit immer mehr, Vorstellungsvermögen, Einfallsreichtum, Einfühlungsvermögen, Instinkt werden von Mal zu Mal größer. (Dies erklärt wohl die ungewöhnlich große Zahl hochsensibler Menschen jüdischer Herkunft: Bei Juden der Mittel- und Unterschicht hörten vor allem in früheren Zeiten die psychischen Verletzungen niemals auf.)

Hier liegt vermutlich der Schlüssel zur geringeren Intelligenz außerordentlich schöner Menschen: Sie werden seltener verletzt. Selbstverständlich gibt es zuweilen bildschöne und trotzdem geniale Leute. Doch wenn man ihren Lebensweg studiert, wird man zum Beispiel eine schwere Krankheit finden, die sie jahrelang isolierte, eine sadistische Klosterschulerziehung, ein besonders armseliges Elternhaus oder irgendeine sonstige Anomalität, die Verwundungen ermöglichte. In der Regel ist jedoch die Umgebung vom Liebreiz eines schönen Menschen dermaßen fasziniert, daß sie – anstatt Komplexe zu züchten und immer neue Wunden aufzureißen, wie sie es bei den anderen tut – bewußt oder unbewußt am laufenden Band Komplimente liefert. »Der Schönheit ist es vergönnt, am meisten bemerkt zu werden«, hatte schon Sokrates festgestellt. Daran hat sich nichts geändert: Bei einem wirklich schönen Menschen genügt seine bloße Anwesenheit, um zum Mittelpunkt zu werden.

Diese unterentwickelte Empfindsamkeit ist es dann wieder, die es den Schönen ermöglicht, bei der Wahl ihres Partners weniger mit dem Herzen als mit dem »Verstand« zu schauen. Im Unterschied zu anderen können sie auch ohne Leidenschaft glücklich werden – es fehlt ihnen ja nichts. So macht Geld schön, so bringt Schönheit Geld.

Die Reichen wären ohne Geld genauso glücklich

Die Schönen dieser Welt sind daher genau wie der Blutadel dazu vorausbestimmt, mit den Reichen und Superreichen eine – freilich nur für die anderen – fatale Symbiose einzugehen. Erstere ermöglichen den Nachkommen der mehr oder weniger kriminellen Wirtschaftspioniere die Vorspiegelung edler Herkunft und vornehmen Charakters. Letztere tragen durch die Veränderung der Erbmasse dazu bei, daß man ihnen so selten ansieht, was sie da wirklich treiben. Kein Zweifel: Ohne die Mitwirkung des Adels und der Schönen wäre die Dummheit der Reichen lang nicht so betörend. Sie frisieren die Bilanz.

Dieses Buch soll aber nicht als Kampfschrift mißverstanden werden. Es geht lediglich darum, den Zusammenhang zwischen Macht und Dummheit so deutlich wie möglich aufzuzeigen. Nicht nur im Bereich des Geldes: Wer genau hinsieht, wird feststellen, daß überall dort, wo einer Macht bekommt (und sie auch behält), Phantasielosigkeit und Gefühlsarmut nicht weit sind.

Doch man kann die Krankheit leicht diagnostizieren – erst mit der Therapie tut man sich schwer. Im Fall der Reichen ist dies eindeutig bewiesen: Die Erfahrung der letzten Jahrzehnte hat gezeigt, daß es in den sogenannten fortschrittlichen Ländern der Unterschicht immer noch am besten geht, wenn sie ihre Oberschicht soviel raffen läßt, wie sie kann. Man hat diese Art Resignation »Die Überlegenheit der freien Marktwirtschaft« benannt.

Mit Einsicht ist ebenfalls nicht zu rechnen. Falls sie sehen könnten, was sie machen, gäbe es diese Leute ja nicht. Es ist wohl kein Fall bekannt, wo ein Erbe angeekelt auf seine Millionen oder Milliarden verzichtet hätte, womöglich noch zugunsten der Erben jener, deren Schweiß sie zu verdanken sind. In einer amerikanischen Kleinstadt hatte vor einigen Jahren ein wohlhabender Mann damit begonnen, nachts Geldbündel unter die Türen seiner weniger begüterten Mitbürger zu schieben. Statt sich zu einem solchen Vater zu gratulieren, ließen ihn seine Kinder auf seinen Geisteszustand untersuchen.

Doch dies geschieht, wie gesagt, in aller Naivität. Denn es fehlt dem Reichen ja nicht nur an Phantasie und Einfühlungsvermögen, sondern auch an Widerspruch. Er lebt in einem Milieu, in dem ihm alles schmeichelt: Für seine Untergebenen wäre es unklug, sich mit ihm anzulegen, seine Freunde sind seine Freunde, weil sie sind wie er, und die wenigen Empfindsamen, die mit ihm verkehren, sind dermaßen fasziniert – sie können weder begreifen, wie einer soviel besitzen, noch, wie er es behalten kann –, daß sie sich nicht durch ein ohnehin sinnloses Herumnörgeln um die nächste Eintrittskarte bringen möchten. Und von denen draußen weiß er ja, daß sie nur neidisch sind.

Jeder Reiche wird einem daher auf Heller und Cent vorrechnen, was geschehen würde, wenn er sein Privatvermögen – die Betriebe dienen ja ohnehin nur der Sicherung von Arbeitsplätzen – an die Hungernden verteilte. Das Ergebnis ist denkwürdig, zeigt es doch in Zahlen, wie viele Leute nichts zu essen haben. Doch so meint er es ja nicht.

Er wird einem auch geduldig erklären, daß er ja »repräsentieren« müsse. Wenn er seinen Überfluß nicht deutlich zeigte, würden die andern Reichen ihn für einen Armen halten, und das wiederum wäre schädlich für seine Unternehmen, an denen schließlich das Schicksal Abertausender hängt. Die Logik ist bestechend: Wer es nicht über sich bringt, mit seinem Geld zu prahlen, der bringt es auch nicht über sich, es nicht herauszurücken. Ein Reicher, der nicht »repräsentiert«, kann also tatsächlich kein Reicher sein. – Die seltenen, aber um so aufsehenerregenderen Fälle, in denen ein Reicher sein Geld hinter einer armseligen Fassade verbirgt, sind wohl eher positiv zu werten. Denn eigentlich kann ein solches Verhalten nur bedeuten, daß sich hier einer trotz seines vielen Geldes eine gewisse Intelligenz bewahrte. Vielleicht hat er seine Sucht erkannt und schämt sich ihrer? Vielleicht ist er mit sich selbst nicht ganz im reinen? Einerseits ist er zu sensibel, um seine Hilfe zu verweigern, andererseits zu unsensibel, um von seinem Wohlstand etwas herzugeben. Durch den Anschein bescheidenen Lebensstandards kann er die Gegenüberstellung mit dem Bittsteller vermeiden ...

Normalerweise bereitet das Neinsagen dem Reichen aber kein Problem: Du lieber Himmel, das wäre ja ein

Faß ohne Boden! Und daß er mit seinem, zugegeben, etwas übermäßigen Konsum den Arbeitsmarkt belebt, dürfte wohl ohnehin klar sein. Ob man denn nicht wisse, wie viele Arbeitsstunden in so einer Luxuslimousine stecken? Der Einwand, daß man Konsum *delegieren* kann, daß es für den Arbeitsmarkt dasselbe ist, ob einer einen Rolls kauft oder tausend Fahrräder verteilt, ringt ihm bestenfalls ein nachsichtiges Lächeln ab. *Delegieren* wird ein Reicher höchstens seine Arbeit.

Daß es ihm gelang, das Vermögen seiner Väter zu erhalten – in dieser wirtschaftlich harten Zeit –, wertet er stets als Phantasiebeweis. Falls er es verdoppeln konnte, hält er sich ohnehin für ein Genie. Er wolle sich nicht schmeicheln, aber wenn es andere zu nichts brächten, könne das auch daran liegen, daß sie im Gegensatz zu ihm nicht *kreativ* seien.

Denn auch die Sprache gehört ihm: Wenn einer seinen Hunger nach mehr auf besonders geschickte Art befriedigt, spricht man in der Branche ungeniert von »Kreativität«. Es gibt sogar Reiche, die sich als Kommunisten oder Christen sehen: Wo kämen wir hin, wenn immer nur die Ausgepowerten für Gerechtigkeit kämpften? Marx wollte ja nicht, daß wir alle gleich arm werden, sondern gleich reich! Und Christus ist sowieso für uns alle gestorben. Und dann die Fangfrage, wo denn – falls überhaupt – die Amoralität des Geldhabens begänne. Wenn einer tausend, zehntausend, hunderttausend Dollar mehr hat, als er braucht? Eine hervorragende Frage, in der Tat. Daß er zufällig der einzige ist, der sie sich *nicht* leisten kann, würde er, der sich sonst alles leistet, nicht begreifen.

Eine Konsequenz ist nicht zu übersehen:
Da Reiche zu phantasielos zum Geben sind, sind sie wohl auch zu phantasielos, um *wirklich* zu nehmen. Alles in allem muß ihr Genuß auf dem Niveau fleischfressender Pflanzen liegen: Was in die Nähe kommt, wird aufgesogen – wenn man nicht mehr saugt, ist man nicht mehr da.
Man hat die schönsten Partner, prächtigsten Kinder, größten Häuser, schnellsten Autos, edelsten Pferde, schnittigsten Yachten, herrlichsten Gemälde – nur *fühlen* wird man eben davon nichts. Einer Dame der Gesellschaft kommen die Tränen, wenn ihre mexikanische

Putzhilfe eine mexikanische Fayence zerbricht. Wenn die gleiche Frau an ihrer Stelle die Toiletten reinigt, empfindet sie nichts. Reiche sind *menschenähnliche* Wesen: Humanoide. Wenn sie sagen, daß sie ohne Geld genauso glücklich wären, sollte man ihnen unbedingt glauben.

Für die andern ist das allerdings kein Trost. Denn im Grunde wäre es ja schöner, wenn ihre Entbehrungen einen, wenn auch noch so perversen, Zweck erfüllten: Wenn der Lebensstil, den sie dank ihrer Arbeit einigen wenigen ermöglichen, diesen ein Minimum an Glücksgefühl verschaffte. Wenn der Glanz der Diademe nicht nur phantasiebegabte Zaungäste betörte, sondern auch die, die sie tragen.

II Dummheit & Karriere

> Lieber Gott, ich wäre gern ein Arzt, aber nicht aus dem Grund,
> den Du Dir vorstellst.
> (Ferd, Children's Letters to God)

Aufsteiger- und Führerqualitäten

Doch die Macht gehört ja nicht nur denen, die damit zur Welt gekommen sind. Auch Politiker, Gewerkschaftsführer, Kirchenfürsten, Bankpräsidenten, Generäle, Chefärzte, Konzernchefs, Richter haben Macht. Diese ist weder so umfassend noch so geheimnisvoll wie die des Geldadels, weil sie zumindest auf den ersten Blick für jeden zugänglich scheint – man muß lediglich »Karriere machen«. Doch betörend ist sie schon.

Wie steht es nun hier mit der Dummheit? Wenn schon unsere *geborenen* Machthaber unsensibel und phantasielos sind, verfügen dann wenigstens die *gewählten* (die wir freiwillig über uns bestimmen lassen, weil wir ihnen entweder ein politisches Mandat verschaffen oder ihnen sonstwie erlauben, sich über uns emporzuschwingen) über die Voraussetzungen für ein Regime der Intelligenz? Und falls nicht, warum folgen wir ihnen? Diese Machtvariante hängt doch weitgehend vom Wohlwollen des Volkes ab, das die Mehrheit seiner Kommandeure jederzeit entlassen könnte.

Damit einer in eine Position gelangt, wo er anderen sagen darf, was sie zu machen haben – »wo's langgeht« –, muß er neben der *Begabung* für eine bestimmte Tätigkeit, die natürlich die Grundlage für alles andere ist, zunächst einmal über die Qualitäten des Aufsteigers und später dann über die des Anführers verfügen. Im großen und ganzen handelt es sich dabei um Fleiß, Gehorsam, Konsequenz, Begeisterungsfähigkeit, Zielstrebigkeit, Selbstvertrauen, Risikofreude und das letztlich gar nicht so selbstverständliche Verlangen, anderen Leuten überhaupt sagen zu *wollen*, was sie tun und lassen müssen: die Freude am Befehlen, den Willen zur Macht.

Wir sind es gewöhnt, diese Eigenschaften positiv zu sehen. Da die meisten Eltern wünschen, daß ihre Kinder es zu etwas bringen – zu Status, Wohlstand oder beidem –, preist man sie uns von Anfang an als Ideal. Doch ist es bei genauer Betrachtung nicht eine besonders gut getarnte Begrenztheit, die einen Menschen nach oben bringt? Sind die Qualitäten, auf die sich eine glanzvolle Berufskarriere stützt, so bewunderswert, wie man uns glauben läßt?

Wissen ist Macht, sagten unsere Lehrer.

In einen hohlen Kopf geht viel Wissen, hat später Karl Kraus ergänzt.

Eine Goldmedaille für den Beschränkteren

Die vielgelobte Eigenschaft *Fleiß* bedeutet ja auch, daß man zugunsten eines Interesses auf alle anderen verzichtet. Und können nicht am ehesten die verzichten, die nichts anderes reizt? Die nicht verzichten müssen?

Gehorsam – vom Befehlenden heute »Befähigung zur Teamarbeit« genannt – bedeutet auch, daß einer imstande ist, eigene Ideen in den Hintergrund zu stellen. Und ist es nicht einfacher, wenn er gar keine hat?

Die *Konsequenz*, die nötig ist, um auf einem bestimmten Gebiet der Erste zu werden, bedeutet auch, daß man wiederholt, übt, trainiert, jahrelang, bis zur Erschöpfung. Und tut man sich dabei nicht leichter, wenn man sich gar nicht ausmalen kann, wie aufregend etwas Neues wäre?

Begeisterungsfähigkeit ist eine wunderbare Eigenschaft. Doch wenn einer es fertigbringt, sich nach einem Jahrzehnt noch immer für das gleiche Produkt, dieselbe Tätigkeit, den identischen Bewegungsablauf zu begeistern, sollte man da nicht besser von geistiger Anspruchslosigkeit reden?

Muß *Zielstrebigkeit* – die Gewißheit, daß man schon dort ankommen werde, wo man hin will – nicht aus Mangel an Vorstellungsvermögen für die Bestrebungen und Talente der anderen entstehen? Natürlich, *einer* der tausend oder Millionen Menschen, die zur selben Zeit zur gleichen Spitze drängen, behält am Ende immer recht. Jawohl, sagt er, er habe schon als ganz junger Mensch gewußt, daß er es schaffen werde. Man müsse etwas nur wirklich wollen – das sehe man doch an ihm! Doch für seine Phantasie spricht das nicht.

Ist *Selbstvertrauen*, *Selbstbewußtsein* – das Gefühl, daß man für eine bestimmte Aufgabe der Beste sei, und der damit verbundene Wunsch, für all die weniger guten

»Verantwortung zu tragen« – tatsächlich ein Intelligenzbeweis? Es ist verständlich, wenn uns ein anderer vertraut – von unseren sorgfältig kaschierten Schwächen kann er ja meist nichts ahnen. Es ist natürlich, wenn wir einem anderen vertrauen. Da wir nicht in ihn hineinsehen können, wissen wir auch wenig von seinen Abgründen. Doch Vertrauen in uns selbst?

Und *Mut, Risikofreude,* sind das nicht Tugenden, die einem am leichtesten fallen, wenn man sich der Gefahren einer bestimmten Unternehmung nicht bewußt wird? Wenn man nicht in der Lage ist, sich die Katastrophe auszumalen, die man mit seiner Entscheidung unter Umständen heraufbeschwört? Wenn man sich gar nicht fürchten *kann?*

Der *Spitzensportler* ist ein Karrierist, der alle diese Qualitäten in Reinkultur besitzt. Diese Selbstdisziplin, denkt der sensible Daheimgebliebene in seinem Fernsehsessel, wieviel hartes Training steckt dahinter, bis einer den Ball auf diese souveräne Art abzufangen weiß! Der Bursche muß seine Kindheit, seine ganze Jugend dafür geopfert haben. Der Mut, mit dem dieser Wahnsinnige über die vereiste Piste rast – eine falsche Bewegung, und er bricht sich das Genick! Die Waghalsigkeit, mit der jener Soundso wieder einmal die Kurven schneidet – eine winzige Fehlkalkulation, und er kann seinen Porsche gegen einen Rollstuhl tauschen!

Denn er, der Zuschauer, wird davon ausgehen, sein Sportsmann sei so phantasievoll wie er selber. Und da er sich nichts Öderes vorstellen kann, als bis zur Erschöpfung daran zu arbeiten, daß er dann irgendwann einmal den Bruchteil einer Sekunde schneller schwimmen, rennen, reiten, Fahrrad oder Auto fahren kann als ein bestimmter anderer Mensch, bewundert er seinen Helden wegen der Disziplin, mit der er solche Qualen auf sich genommen hat. Für nichts als eine Goldmedaille, man stelle sich vor: Was würde der erst auf entscheidenden Gebieten leisten!

Da er selber sich vor dem Sterben fürchtet und auch imstande ist, sich ein Leben im Rollstuhl in allen seinen demütigenden Einzelheiten auszumalen, glaubt er, sein Formel-1-Favorit empfände die gleiche Angst, und beneidet ihn um die Courage, mit der er sich überwindet. Seine Gesundheit, sein Leben aufs Spiel setzen – für nichts als einen Pokal! Was würde ein solcher Mann erst für wichtige Ziele wagen!

Und wenn sein Champion nach vollbrachter Leistung vor die Fernsehkamera tritt und – noch etwas atemlos zwar, aber doch gelassen – mit klaren, bescheidenen Sätzen den Millionen Zuschauern seine Strategie, seine Fehler und Stärken in diesem Wettbewerb erläutert, bewundert er ihn nur noch mehr: Einmal, nur ein einziges Mal in seinem Leben möchte er so cool sein wie jener!

Unerfüllbarer Wunsch. Er wird sich vielleicht ein Trikot mit drei Streifen kaufen, um vom Glanz seines Idols zu borgen. Den von ihm empfohlenen Schläger anschaffen, seine Skier, seinen Wagen. Doch für dessen tägliche Routine hat er zuwenig Unverstand.

Wirkt ein politisches Mandat banalisierend?

Wie auch immer, der Weltrekordler ist ein ungefährlicher Held. Sein Körper ist zugleich Kapital und Begrenzung, und sein Glanz dauert nur so lang, bis ihm ein Jüngerer seine Krone wieder abjagt. Ein Sportsmann will wohl meist viel Geld verdienen, Macht will er keine. Sonst hätte er ja seinen Kraftakt von vornherein einer anderen Disziplin gewidmet. Und vielleicht ist es letzten Endes das, was ihn uns so sympathisch macht: daß ihm seine große Anstrengung im Vergleich zu dem, was er damit wirklich erreichen könnte, wenig einbringt.

Gefährlich wird es, wenn einer die Energie, die ein Sportler ins Radfahren, Ballspielen, Skilaufen und Springreiten steckt, ins Händeschütteln, Redenhalten, Aktenlesen, Profitberechnen, Truppenexerzieren oder Wahrheitpredigen investiert. Denn wenn er Glück hat und wir Pech, verhelfen ihm die gleichen Qualitäten, die den Sportsmann für ein paar kurze Augenblicke an die Spitze brachten, zu einer Machtposition, in der er sich ein halbes Jahrhundert lang hält. Eine Stellung, die dem, der in unser aller Interesse eigentlich dorthin gehörte – dem Phantasievollen, Feinfühligen –, meist auf immer verschlossen bleibt: Gerade aufgrund der hervorragenden Eigenschaften, die wir hier unter dem Begriff Intelligenz zusammenfassen, schafft er dann diesen Aufstieg – *in der Regel* – eben nicht.

Denn wer zum Beispiel seine demokratische Pflicht zu politischer Informiertheit ernst nimmt, zuweilen Parteiveranstaltungen besucht, in seiner Zeitung die Interviews der Kandidaten liest oder deren Aktivität auf dem Bildschirm verfolgt, wird sich wohl auch fragen, wie diese Männer und Frauen das alles durchstehen. Wie bringt ein Mensch es fertig, jahrzehntelang in allen diesen Phrasen zu schwimmen und all diese Gemeinplätze im Mund zu führen? Wie stellt er es an, das stets wechselnde Parteiprogramm mit ewig gleicher Inbrunst zu verteidigen? Wie erträgt er es, in Wahlzeiten all diese Versprechungen abzugeben, von denen er doch weiß, daß er sie niemals halten kann? Wieso ist einem Partei- oder Gewerkschaftspolitiker – *in der Regel* – keine Weltanschauung zu abwegig, wenn er glaubt, damit die Meinung potentieller Anhänger zu treffen? Warum ist ihm – *in der Regel* – keine Attitüde zu grotesk, wenn er annimmt, dadurch volksnah zu erscheinen?

Da verbrüdern sich besten Kreisen entstammende Herren mit rußverschmierten Kumpels, als hätten sie ein Leben lang von nichts anderem geträumt als von der Freundschaft dieser gestandenen Männer, und schmalbrüstige Bürokraten hofieren Fußballstars, als hinge von deren nächstem Treffer die Weltgeschichte ab. Da herzen ehrgeizige Kandidatinnen Babys, als könnten sie sich nichts Herrlicheres denken als ein Kind, und schon am nächsten Tag beklagen sie die Entbehrungen der Mütter, als bekämen diese dafür keine Kinder – als bekämen sie *nichts*. Wer zu Alten spricht, betont, was man von ihnen alles lernen könne, wer sich an Junge wendet, sagt, wie man sich an ihnen ein Beispiel nehmen müsse. Wer zu Unternehmern redet, bedauert die Unersättlichkeit der Lohnempfänger, und schon bei der nächsten Ansprache werden diese dann auf die Profitgier ihrer Bosse hingewiesen.

Und auf geht's zum nächsten Happening, wo das Ganze von vorn beginnt: Händeschütteln, Schulterklopfen,

Freundschaftschließen. Fragen stellen, auf die keiner eine Antwort gibt. Antworten geben, die keiner hört. Und das alles im Sechzehn-Stunden-Takt, an jedem Tag der Woche: Denn natürlich buhlt man um die Stimmen der Werktätigen zweckmäßiger nach Feierabend, als wenn sie in ihren Fabriken sind.

Wie kommt es, fragt sich der nachdenkliche Bürger, daß alle diese Herren und Damen einem Lebensstil huldigen, den er selbst auf keinen Fall freiwillig auf sich nähme? Sind Volksvertreter so selbstlos, daß sie – immer mit dem heiligen Ziel, die Welt vor einem Abgrund zurückzuhalten – ihren Verstand und ihren Geschmack unter den Scheffel stellen? Oder haben sie in dieser Hinsicht sowieso nichts zu verbergen? Verleugnen sie ihr eigentliches Niveau zum Wohl des Volkes? Oder ist das, was sie einem zeigen, bereits auch das, was sie zu zeigen hätten? Ist ihre aufreibende Tätigkeit daran schuld, daß sie deren Banalität gar nicht mehr bemerken? Oder ist Banalität Voraussetzung dafür, daß man sich eine solche überhaupt aussucht? Ist das Volk so dumm, wie jene, die es regieren möchten, anzunehmen scheinen? Oder sind diese so dumm, daß sie nicht merken, daß das Volk gescheiter ist? Werden sie, die es schließlich schaffen, gewählt, weil keine Besseren da sind? Oder sind keine Besseren da, weil sie angesichts der Beschränktheit der Wählermassen sowieso keine Chance hätten?

Besteht die berühmte Meinungsbildung im demokratischen System darin, daß sich der Kandidat die Meinung des Wählers bildet? Und wenn nicht: Wie käme er zu einer eigenen? Wann dürfte er denken, wenn er seine Tage und Nächte auf Sitzungen und Versammlungen verbringt? Wie sollte er Modelle für die Zukunft seines Landes entwerfen, wenn er nicht einmal Zeit hat, sich dessen Gegenwart anzusehen? Warum sollte er Gefühle in sich wachsen lassen, wenn er sie nachher doch unterdrücken müßte? Und falls er zu Beginn seiner Laufbahn über Phantasie verfügte, müßte er sie dann nicht zum Schweigen bringen, weil sie ihm bei deren Fortgang doch nur lästig wäre?

Und da in Demokratien nicht nur die kleinen und mittleren, sondern auch die großen politischen Karrieren – *in der Regel* – auf diesem langen Marsch durch die Institutionen zustande kommen..., da aus den hartgesottensten, unermüdlichsten und leutseligsten Händeschüttlern, Schulterklopfern, Phrasendreschern, Sitzungssitzern nach Jahren und Jahrzehnten schließlich Abgeordnete, Staatssekretäre, Minister, Premiers und Präsidenten werden, muß man sich fragen: Ist Politik die Herrschaft des Groben über das Feine, der Dickfelligkeit über das Zartgefühl, des Banalen über das Besondere, des Geheuchelten über das Echte, der Geistlosigkeit über den Geist?

Liegt in westlichen Ländern das Geschick der Bürger in den Händen derer, die weder Vorstellungskraft noch Feingefühl besitzen, weil sie andernfalls diesen jahrzehntelangen Raubbau an ihrer Person kaum überstanden hätten?

Können jene, die so beflissen darum buhlen, für uns Verantwortung zu übernehmen, sich vielleicht nicht einmal mehr vorstellen, was dieses Wort bedeutet?

Sind die, die uns den Frieden garantieren sollen, am Ende ihres Weges nicht längst zu phantasielos, um sich einen Krieg in allen seinen Konsequenzen vorzustellen?

Mit anderen Worten: Sind wir auch mit unserem politischen Schicksal einer Macht ausgeliefert, die letztlich nichts anderes als die der *Dummheit* ist? Und wenn ja, warum schütteln wir sie nicht ab?

Who's Who in Church?

Wer sich die Mühe nimmt, das Benehmen der Verwalter der Lehre Christi einer auch nur oberflächlichen Betrachtung zu unterziehen, wird sich verwundert fragen, wie die Idee, seinen Nächsten mehr zu lieben als sich selbst, bei einer Auseinandersetzung lieber auch noch die andere Wange hinzuhalten, einem Frierenden das letzte Hemd zu geben, mit einem Hungernden sein letztes Brot zu teilen, so weit verkommen konnte.

Der in diesem Zusammenhang oft geschmähte Herr in Rom ist dabei nur die auffälligste Erscheinung: Die Frage, weshalb hier der Nachfolger soviel anders auftritt als der Begründer des Vereins – weshalb der Privatbesitz der römisch-katholischen Kirche, die Banken, die Handelsflotte, die Immobilien, die Kunstschätze und all der sonstige Pomp nicht längst verkauft und der Erlös an die Hungernden verteilt wurde, warum im Papstpalast keine Erdbebenopfer residieren und die vatikanischen Gärten nicht vom Lachen geretteter Biafra-Kinder widerhallen –, ist beinah zu abgenutzt, als daß man sie noch stellen möchte.

Denn bei den reformierten Kirchen ist die Situation nicht grundsätzlich verschieden. Der Reichtum wird zwar etwas diskreter gehandhabt, und der zur Schau gestellte Wohlstand hat etwas von der verlogenen Schlichtheit eines Club Méditerranée, doch die kostspieligen Bauten, die in protestantischen Ländern sonntags gut geheizt auf ihre paar Besucher warten, die aufwendige Propagandamaschinerie, mit der man das Desinteresse der übrigen zu bekämpfen sucht, die leutseligen Nächstenliebebeamten, die sich in komfortablen Pfarrhäusern einem gesicherten Lebensabend entgegenpredigen, das alles hat wohl ebensowenig mit dem zu tun, was Jesus Christus vor zweitausend Jahren mit dem Tod am Kreuz verteidigte, wie der ostentative Luxus, mit dem Katholiken, Orthodoxe und neuerdings auch immer mehr Sektenführer um das Überleben ihrer Glaubensvariante kämpfen.

Die Saturiertheit, mit der kirchliche Würdenträger in westlichen Industrieländern auftreten, ist in der Tat so ungezwungen, daß Gläubige dahinter eher einen grandiosen Plan vermuten können – eine von höherer Einsicht diktierte Strategie, die sie mit ihren eigenen beschränkten Möglichkeiten nicht erkennen können – als das, was sie so augenfällig ausdrückt.

Denn wenn es auf der Welt Abermillionen Obdachlose gibt und die Verwalter der Lehre Christi trotzdem so selbstsicher in Palästen und prächtigen Verwaltungsbauten ihr Geschäft verfolgen, dann doch wohl nur aufgrund einer in der Zwiesprache mit ihrem Gott gewonnenen Weisheit, die gewöhnlichen Sterblichen entgeht? Der Weisheit etwa, daß sie dem Millionenheer der Armen mit den Geschenken, die sie ihnen machen könnten, nichts geben können, mit einer prachtvollen Kirche aber wenigstens den Traum von einer Welt, in der für immer Gerechtigkeit herrscht und wo sie nie wieder hungern müssen: Ist das Luxusleben der Hirten also vielleicht ein *Opfer,* das diese ihrer Herde bringen?*

Wenn an jedem Tag Zehntausende kleiner Kinder an Hunger sterben und das Oberhaupt der römisch-katholischen Kirche den Ärmsten der Armen dennoch den Gebrauch der heute zur Verfügung stehenden Verhütungsmittel untersagt, dann kann das doch nur aufgrund einer uns nicht zugänglichen höheren Form der Menschlichkeit geschehen: etwa aufgrund der Einsicht, daß es tausendmal Schlimmeres gibt als hungernde Kinder?

Wenn die Kirche Christi mit bombenwerfenden Regierungen kollaboriert, dann ist das doch sicher der überirdischen Erleuchtung zu verdanken, daß es weit Grausameres gibt als Krieg? Und wenn sie schweigend zusieht, wie Andersgläubige verfolgt und ausgerottet werden, dann doch sicher aufgrund der Erkenntnis, daß es Schrecklicheres gibt, als wegen seiner Meinung über Gott und die Welt in Konzentrationslagern zu enden?

Wenn sie, wo immer möglich, gegen ihre Trennung vom Staatsgeschäft intrigiert, so doch aufgrund der Einsicht, daß es für uns am besten ist, wenn wir nicht selbst über unser politisches Schicksal bestimmen müssen, da eine so große Freiheit uns einfache Menschen ja doch nur überfordern würde!

Denn wenn Kirchenkritiker recht hätten,
- wenn Kirchenbeamte ohne höhere Weisung in Luxus lebten, während draußen die Schlange der Hungernden immer länger wird,
- wenn Päpste aus niederen Beweggründen auf dem Verbot der Empfängnisverhütung beständen (ein paar Kinder kommen ja immer durch, der Machtbereich wird also auf jeden Fall größer),
- wenn christliche Kirchen vorsätzlich schweigen, wenn die Regierung ihres Landes auf Andersdenkende schießen und an Andersgläubige gelbe Sterne verteilen läßt,

---

* Die Autorin hat in dem Buch ›Die Antrittsrede der amerikanischen Päpstin‹, München 1982, eine solche Möglichkeit in Erwägung gezogen.

– wenn ihr an der Untrennbarkeit von Kirche und Staat läge, um gegebenenfalls ihr Glaubensmonopol mit Waffengewalt verteidigen zu können,

kurz, wenn alles so wäre, wie es auf Anhieb scheint, dann wäre dies der eindeutige Beweis dafür, daß es bei den Nachfolgern Christi alles gibt – außer dem, was ihr Vorbild in so hohem Maße ausgezeichnet hat. Alles außer Vorstellungsvermögen, Einbildungskraft, Einfallsreichtum, Barmherzigkeit, Instinkt, Takt, Mitgefühl, Geschmack, Toleranz. Alles außer Phantasie und Sensibilität. Alles außer *Intelligenz*.

Und falls dem so wäre, dann müßte man sich natürlich auch fragen, wie dieses Intelligenzdefizit zustande kommt: Bemühen sich um ein hohes Kirchenamt von vornherein nur die, die phantasielos und unsensibel sind; bleiben die echten Vertreter der Lehre Christi – als Arbeiterpriester, Missionare, Ordensschwestern, Heilige – regelmäßig auf der Strecke? Oder macht erst der stetige Umgang mit Kranken, Hungernden, Obdachlosen die Gefühle stumpf?

Hat das jahrzehntelange Mitleiden mit den Ärmsten der Armen die perverse Folge, daß man sich dann, wenn man dort ankommt, wo man wirklich etwas für sie ändern könnte, schon nicht mehr in sie hineinversetzen kann?

Und wiederum die Frage:

Werden in Kirchen und Sekten jeglicher Couleur – aus welchem Grund auch immer – die Sensiblen von den Unsensiblen, die Barmherzigen von den Unbarmherzigen, die Demütigen von den Auftrumpfenden, die Gescheiten von den Törichten beherrscht?

Ist die prachtvolle Aura unserer Nächstenliebekarrieristen Abglanz einer Beschränktheit, die so groß ist, daß sie schon beinah überirdisch wirkt? Betört uns auch beim Kirchgang die Dummheit?

Können Bankiers mehr als zählen?

Aus sicherer Distanz sahen wir kurz nach der Ankunft 3 Wasserbüffel, 10 Warzenschweine, 20 Paviane und 1 Buschbock. Am Abend um 18.30 Uhr waren 2 Nashörner, 40 Wasserbüffel, 1 Buschbock, 3 Wasserböcke und 1 Hyäne gleichzeitig beim Wassertrinken zu beobachten.

Anschließend gingen wir zum Nachtessen. Der Speisesaal war festlich hergerichtet, und wir waren nicht wenig überrascht, in dieser Wildnis mit einem so üppigen Mahl verwöhnt zu werden. Neben mir saß der Börsenchef einer zürcherischen Großbank.

Um 21.30 Uhr sahen wir 2 Nashörner, 8 Büffel, 2 Hyänen, 2 Warzenschweine mit 2 Jungtieren, 1 Bongo und ein verirrtes Affenbaby an der Hauswand. Eine Stunde später wurde es ziemlich ruhig, und wir legten uns schlafen. Nur ab und zu war draußen etwas zu hören. Ein Blick durch kleine Fenster zeigte um 02.00 Uhr, daß in der mondhellen Nacht 4 Nashörner und 8 Büffel sich gegenseitig den besten Trinkplatz strittig machten. Bei Tagesanbruch konnten wir von der Dachterrasse aus das Herannahen von großen Büffelherden beobachten. Gleichzeitig waren 92 Büffel anwesend. Eine besondere Freude war es, die vielen bunten Vögel zu beobachten.[*]

Der Leser hat es erraten. Der Verfasser dieses aufregenden Afrikareports kann eigentlich nur ein Bankbeamter sein. In der Tat: Der Bericht stammt aus der Feder des Direktors einer Schweizer Großbank und wurde von diesem selbst für die Hauszeitschrift seines Instituts zur Veröffentlichung freigegeben.

Damit soll nicht das Klischee gestützt werden, daß Bankangestellte von vornherein zu phantasielos seien, um Elefanten anders als in Zahlen wahrzunehmen. Viele wählen diese Laufbahn wohl gerade aufgrund eines großen Vorstellungsvermögens: Etwa weil sie sich vor der Unstabilität fürchten, die sie in anderen Branchen erwarten könnte; wegen der geregelten Arbeitszeit, die es ih-

---

[*] Niklaus Meienberg: Die Erweiterung der Pupillen beim Eintritt ins Hochgebirge. Zürich 1981

nen erlauben wird, nach Feierabend ihren privaten Träumen nachzuhängen; oder eben ganz einfach wegen einer sehr verständlichen Faszination für den diskreten Charme dieser Welt der Zahlen und Fakten.

Doch wie ist es mit denen, die an die Spitze der Banken gelangen – und sich dort halten? Wer sind diese Männer, die es in zwei, drei Jahrzehnten unermüdlichen Kalkulierens und Verhandelns vom Lehrling zum Vorstandsmitglied bringen und damit an einem Platz sind, wo sie mehr Phantasie und Einfühlungsvermögen bräuchten als jeder andere Mensch auf dieser Welt? Weil sie ja mit der Entscheidung über den Fluß des Geldes auch darüber bestimmen, was damit gekauft wird: Bomben oder Brot, Willkür oder Gerechtigkeit, Barbarei oder Kultur. Wer sind diese hochqualifizierten Fachleute, deren Manöver wir anderen mangels Spezialkenntnissen kaum zu beurteilen vemögen, die jedoch ihrerseits den Stand unserer Technik, den Rhythmus unserer Arbeit, den Fortschritt unserer Medizin, den Zustand unserer Luft, das Aussehen unserer Städte bestimmen und die im Umweg über die Medienfinanzierung heute sogar über unsere Ethik, unsere Ästhetik und den Inhalt unserer Träume mitentscheiden?

Wegen seiner großen Macht und der Verantwortung, die sich daraus ergibt, müßte ein Bankier der vollkommenste Mensch sein, der sich denken läßt. Er müßte nicht nur über die Qualitäten eines begnadeten Kaufmanns, sondern auch über die Phantasie eines Künstlers und die Sensibilität eines Moralisten verfügen. Er müßte nicht nur die Regeln des Pokers beherrschen, sondern sich auch ausmalen können, was passiert, wenn das Spiel zu Ende ist. Er sollte sich nicht nur in die Psyche seiner reichen Auftraggeber hineindenken können, sondern auch in die, auf deren Kosten er sie immer noch ein wenig reicher macht. Denn wenn er schon ewig gewinnen muß, sollte er sich auch vorstellen können, was er damit bei den ewigen Verlierern anrichtet – und zwar auch im eigenen Interesse und in dem seiner Klientel. Doch besteht wenigstens theoretisch die Aussicht, daß er dazu in der Lage ist?

Es fällt uns Außenstehenden schwer, die Phantasie eines Bankpräsidenten zu beurteilen. Anders als bei Politikern und Kirchenleuten, die ihre Macht nur behalten, solange sie unsere Gunst besitzen, sind wir hier stets auf Vermutungen angewiesen. Bankiers müssen sich uns weder erklären noch anbiedern: Um im Amt zu bleiben, brauchen sie nicht das Wohlwollen der kleinen Sparer, sondern das der Inhaber der Großkonten. Und das behalten sie stets so lange, wie sie deren Profit maximieren. Wirklich kontrollierbar sind ihre Handlungen auch für jene nicht.

Wer sind sie also, diese Männer, die da so unauffällig über das Schicksal unserer Welt verfügen? Ihre öffentlichen Reden erscheinen uns so brav wie Schulaufsätze – doch das könnte auch aus Rücksicht auf das (bereits im vorangehenden Kapitel geschilderte) Niveau ihrer reichen Klientel geschehen. Im Aussehen wirken sie so individualistisch wie Soldaten, doch da sie sich ja im Krieg um Marktanteile befinden, könnte dies auch Absicht sein... Bankiers schneiden nicht auf: Sie drängen sich nicht nach Orden, schmücken sich nicht mit Titeln, und wenn sie sich in Millionen ausdrücken und mit Völkern handeln, sprechen sie bescheiden von Einfluß. Bankiers geben sich nicht preis: Sie betrinken sich nicht in Kneipen, tanzen nicht auf Partys, pfeifen keine Schlager, flirten nicht mit Blondinen. Die Limousinen, in denen sie fahren, die Anzüge, die sie tragen, sind zu teuer, um wirklich geschmacklos zu sein. Die Bilder in ihren Büros haben sie nicht selbst gemalt. Und auch die meist recht schlimmen Glaspaläste, mit denen sie die letzten schönen Plätze unserer Städte okkupieren, helfen nicht weiter. Denn sie lassen sie wohl errichten, doch sie entwerfen sie ja nicht.

Wir sind hier also fast ausschließlich auf Mutmaßungen angewiesen. Doch wenn einer über die Faszination des Geldvermehrens auf jede andere Lebensäußerung verzichtet, liegt dann nicht der Verdacht nah, daß es ihm auch darum so leichtfällt, weil er dieses »andere« nicht vermißt – weil er es sich eben nicht *vorstellen* kann? Wenn einer sich nicht nur während der Bürozeit, sondern *immer* – das heißt, solange er es schafft, sich irgendwie wach zu halten – mit Währungen und Börsenkursen und

Bilanzen befaßt, könnte er nach Jahrzehnten dieser einseitigen Beanspruchung noch irgend etwas wissen von der Vielfalt der Wirklichkeit, über die er dann schließlich zu bestimmen hat? Selbst wenn er zunächst von anderem als Profiten träumte, könnte er diese Träume weiterspinnen, da ja in seiner Umgebung von sonst nichts geträumt wird? Und auch, wenn er als Angehöriger der Unterschicht seine Karriere mit dem Vorsatz begann, die Kommandozentralen der Mächtigen zu studieren und zum Wohl der übrigen Welt zu unterwandern – könnte er am Ziel noch derselbe sein?

Ein Bankier ist jemand, der, sei es auch nur verwaltend, über das verfügt, was die meisten anderen so verzweifelt brauchen, eben Geld. Sein Beruf besteht also wohl logischerweise darin, angesichts der menschlichen Tragödien, die ihm im Lauf eines langen Arbeitstages vorgetragen werden, kühl abzuwägen und gelassen nein zu sagen. Bis dann einer kommt, der sein Geld nicht so dringend braucht: Dem kann er es geben. Ein Bankier ist jemand, der so wenig Zeit hat, daß er mit einem kleinen Sparer nicht einmal ein Telefongespräch führen könnte, der mit einem Diktator aber unter Umständen sogar zu Abend ißt, damit er sein Blutgeld bei ihm anlegt und nicht bei der Konkurrenz.

Falls ein solcher Mann zu Beginn seiner Laufbahn über Intelligenz verfügte – falls er den Beruf nicht von vornherein wählte, weil er für alles andere zu phantasielos war –, könnte er sie sich erhalten? Falls er integer war, könnte er es bleiben? Falls er ein Herz hatte, müßte er es nicht im Keller seines Imperiums in einen Safe verschließen und dessen Schlüssel in der Direktionsetage aus dem Fenster schleudern?

Mit anderen Worten: Liegt nicht der Verdacht nah, daß sich unsere Banken *notgedrungen* – denn wie anders sollte man lernen, eine Bank zu leiten, als durch jahrzehntelange Bankerfahrung? – in der Macht phantasieloser, unsensibler Individuen befinden? Daß die Kathedralen, in denen die Verwalter unserer kleinen und großen Konten ihrer Ämter walten, genauso als Einschüchterungsversuche zu verstehen sind wie die der Kirchenleute? Daß die pompösen Schalterhallen unserer Banken nicht von der

Weitsicht der Herren in der Vorstandsetage zeugen, sondern lediglich von deren Einfalt ablenken sollen? Daß also die *schwarzen Freitage,* die man uns hier immer wieder einmal beschert, kein Zufall sind? Und daß der vielgefürchtete Zusammenbruch unseres Wirtschaftssystems – der *Große Crash* – nicht das Hirngespinst notorischer Miesmacher ist, sondern eine längst überfällige Katastrophe?

Können Generäle mehr als schießen?

Und so darf man dann weiterfragen: Wie steht es mit jenen, denen wir das Kommando über die Waffen anvertrauen, die uns beschützen sollen, den Militärs? Welcher sensible junge Mensch – und nur ein solcher sollte sich hier bewerben – träumt schon von einer Militärkarriere? Welcher Pazifist – und nur ein solcher sollte Waffen tragen – sieht sich als Soldat? Welcher Individualist – und nur ein solcher könnte im Ernstfall verantwortungsbewußte Entscheidungen treffen – wird sich für ein Leben in Reih und Glied erwärmen?

Und selbst wenn einer zu Beginn seiner Ausbildung das alles war – phantasievoll, friedliebend, selbständig –, könnte er es bleiben? Kann jemand nach Jahren des Drills in Gleichschritt und Gehorsam noch eigene Gedanken haben? Wird es ein Rekrut, der die Befehle seiner Oberen jedesmal erst einer kritischen Erwägung unterzieht, auch nur zum Gefreiten bringen?

Ein so Gedrillter kann dann wohl in Rekordzeit ein Gewehr zusammenbauen, zielen und ins Scharze treffen. Doch kann er sich noch vorstellen, wie das ist, wenn seine Kugel drüben ankommt? Er wird einen Bomber steuern und seine Ladung bravourös aufs angepeilte Ziel werfen können. Doch kann er sich auch ausmalen, wie das dann dort unten aussieht? Er hat den Mechanismus der Atomrakete verstanden und kann entscheiden, wo sie am zweckmäßigsten zu plazieren ist. Aber weiß er auch wirklich, was geschieht, wenn einer wie er dann eines Tages auf den Knopf drückt?

Es ist möglich – wenn auch unwahrscheinlich –, daß in

Völkern mit langer Friedenstradition hier die eine oder andere Gewichtsverlagerung zugunsten der Phantasievollen stattgefunden hat – in der Schweiz zum Beispiel oder in den leidgeprüften Ländern des Zweiten Weltkriegs. Doch die traurige Geschichte Südamerikas etwa ist (wenn man von der Beschränktheit ihrer Hochfinanz und Kirchenfunktionäre absieht) die Geschichte der Dummheit seiner Militärs. Doch nicht nach Leuten, die dem Volk etwas bedeuten – Fußballstars, Tangosängern, Sambakomponisten –, werden die Straßen und Plätze der Städte dann benannt, sondern nach Generälen und den Daten ihrer Schlachten. Die Macht ihrer Dummheit reicht bis in die Schulstuben hinein. Vor dem Unterricht werden Flaggen gehißt und Hymnen gesungen, und dort wird dann von den heroischen Tagen erzählt, an denen ein tapferer General irgendeinen anderen um den lächerlichen Preis von ein paar tausend Toten in die Flucht schlug.

Und wenn so immer wieder einmal eine Generation heranwächst, die das alles nicht mehr hören will, kommen sie aus ihren Kasernen heraus und schaffen Ordnung. Und erst wenn sie in ihrer heiligen Einfalt das Land so weit ruiniert haben, daß das Geld nicht einmal mehr für neue Panzer und Flugzeugträger reicht, geben sie die Macht großmütig »an das Volk zurück«. Denn das hatten sie ja von Anfang an versprochen, nicht wahr?

Ein Teufelskreis wie in allen Machtbereichen: Es ist eine Tatsache, daß Völker andere überfallen – und wie anders soll man sich vorsehen, als wenn sich wenigstens ein Teil der Einwohner im Schießen übt?

Es ist eine Tatsache, daß Einzelkämpfer keine Chance haben – und wie anders soll eine Gruppe im Ernstfall handlungsfähig sein, als wenn sie »wie ein Mann« gehorchen lernt?

Es ist eine Tatsache, daß wir von unseren Soldaten fordern, im Notfall für uns zu töten und zu sterben. Wie könnten wir da erhoffen, daß sich für diesen Beruf ausgerechnet die melden, denen das am meisten ausmacht?

Wie soll man es anstellen, daß gerade jene, die auf ihre eigene Freiheit schon am Kasernentor verzichten, dann später die unsere respektieren?

Wie kann man verhindern, daß ausgerechnet dort, wo Intelligenz so nötig wäre, dann immer wieder die Einfältigsten von uns stehen?

Solange wir hier keine Lösung haben – kann es sie geben? –, muß der Glanz von Uniformen und Militärparaden weitgehend der der Dummheit bleiben.

Können Chirurgen mehr als schneiden?

Und fragen wir weiter:

Wer garantiert uns, daß die, in deren Hände wir die Sorge um unsere Gesundheit delegieren, immer auch die sind, die wir an solcher Stelle bräuchten? Bedenken wir doch, wie einer zum Mediziner wird: Indem er Kadaver seziert, Auswürfe begutachtet, Eiterbeulen aufschneidet, Darmausgänge betastet, blutverschmierte kleine Menschen aus schmerzverkrampften Leibern zerrt, sich darin übt, herzzerreißend weinende Kinder mit Nadeln, Schläuchen und Messerchen zu traktieren. Und natürlich werden die vielen, die den Beruf wählen, um anderen dann irgendwann einmal bestmöglichst *zu helfen,* sich gerade im Interesse ihres großen Zieles überwinden lernen. Doch wie soll man verhindern, daß sich ausgerechnet hier immer wieder auch jene melden, die eine so nerverschütternde Ausbildung schon deshalb glänzend absolvieren, weil ihnen das alles gar nichts ausmacht? Denen am hohen gesellschaftlichen Status dieses Berufs gelegen ist. Oder vielleicht sogar am Vermögen, das sich hier, anders als in anderen Akademikerberufen, zuweilen auch heute noch verdienen läßt?

Ärzte. Ist es ein Zufall, daß die Angehörigen dieses Standes heute immer seltener durch Geschichten selbstloser Aufopferung von sich reden machen und immer häufiger durch stetig steigende Honorarforderungen und ihre Pannen beim Geldanlegen?

Ist es Zufall, daß in Ländern, wo man diesem Gewinnstreben ein Ende macht und das Gesundheitswesen im Interesse der Schlechtverdienenden verstaatlicht, die Qualität der erbrachten Leistung dermaßen absinkt, daß sich bald weder Arme noch Reiche in ihre Spitäler trauen?

Ist es Zufall, daß gerade jene, vor denen alle gleich sein sollten, zwischen schlecht- und gutbezahlenden Kranken (*Kassen-* und *Privatpatienten*) unterscheiden und die einen – *in der Regel* – auf Hilfe länger warten müssen als die andern? Daß ausgerechnet hier, wo die Interessen der Leidenden an erster Stelle zu stehen hätten, die schlagkräftigsten Interessenverbände existieren und »Kollegialität« so zuverlässig funktioniert, daß ein falsch behandelter Patient kaum eine Chance hat, einen Stümper zu überführen? Daß es in einer Branche, die sich heutzutage so rasch wandelt, daß fast alle Behandlungsmethoden innerhalb eines Jahrzehnts veralten, kein Gesetz gibt, das eine fortwährende Überprüfung des Kenntnisstands der Behandelnden verlangt?

Und schließlich: Darf es uns wundern, wenn sich angesichts aller dieser Privilegien junge Menschen zu dieser Ausbildung – trotz zu zerstückelnder Leichen, blutiger Auswürfe, eiternder Geschwüre, stinkender Fäkalien – heute mehr hingezogen fühlen als zu allen anderen? Was dann (da sich ja die Fähigkeit zum Mitleiden jedem Prüfungskriterium entzieht) logischerweise dazu führt, daß nur noch die mit den höchsten Schulnoten – die kühlsten Streber also – zum Studium zugelassen werden und unser Leben so immer nur noch mehr in die Hände jener gerät, in die es gerade bei einem Überfluß an Heilkundigen auf keinen Fall gehörte: weil ja ein mitleidloser Arzt einen Gesunden auch krank machen kann, damit es Arbeit für ihn gibt.

Ärzte. Wer es sich leisten kann, läuft heute mit seinem Symptom zu drei Experten. Der erste drängt zur Operation, der zweite rät zu wöchentlichen Laborkontrollen, der dritte möchte die Krankheit mit einer Serie von Injektionen besiegen: Welcher meint es gut, welcher ist schlecht informiert, welcher denkt an den Drittwagen für sein Ferienhaus?

Ärzte. Wir sind entsetzt, wenn man wieder einmal einen der ihren mit Menschenexperimenten in Verbindung bringt. Wenn sich herausstellt, daß eine brutale Terrororganisation ausgerechnet einem Kinderarzt gehorcht. Wenn bekannt wird, daß die Folterungen in lateinamerikanischen Gefängnissen unter ärztlicher Aufsicht stattfinden, weil nur so das Opfer auch noch für die nächste Sitzung zur Verfügung steht. Wenn wir von den Psychopharmaka des Gulag erfahren oder von den US-Versuchen mit radioaktivem Material. Das ist doch nicht möglich, sagen wir – das sind doch *Ärzte*.

Ärzte, eben. Und leider besteht auch bei dieser weißgekleideten Elite der Verdacht, daß ein gewisser Prozentsatz ihres Glamours auf das Konto ihrer Beschränktheit geht.

Können Forscher mehr als forschen,
Unternehmer mehr als steigern,
und warum wollen Richter richten?

Und weiter. Wie steht es beispielsweise mit jenen, denen wir zu danken haben, daß wir trotz alledem immer länger leben? Denn wenn unsere Ärzte heute in der Lage sind, viele der früher lebensgefährlichen Krankheiten entweder zu verhindern oder zu heilen, ist dies ja nicht in erster Linie ihr Verdienst, sondern das der Forscher. Deren immer gezielter wirkende Impfstoffe und Medikamente, immer raffiniertere medizinische Geräte, immer exaktere Analyseverfahren haben sie längst zu den eigentlichen Wohltätern der Menschheit gemacht.

Doch auch zu ihren Vernichtern sind sie im gleichen Zeitraum avanciert. Die Giftgase für Konzentrationslager, die Bomben für Nagasaki und Hiroshima, das Napalm für Vietnam, die sich als so fatal erweisenden Kernkraftwerke, die aufkeimende Pest der Genmanipulation wurden und werden den Herrschenden ja von ihnen, den Forschern, zur Verfügung gestellt. Der Laserstrahl ist als Vernichtungswaffe entdeckt worden und nicht für die Zertrümmerung von Nieren-, Gallen- und Blasensteinen, mit der er im Augenblick die Medizin revolutioniert. Wenn wir heute in der Lage sind, die Welt per Knopfdruck zu zerstören, verdanken wir dies dem Eifer der auf unseren Universitäten so hervorragend ausgebildeten Fachleute, wem sonst?

Was denkt wohl einer, wenn er eine Bombe so verbessert, daß sie nun gleich zehn Millionen Menschenleben zerstören kann? Wie kommt jemand dazu, bei einem »Krieg-der-Sterne«-Projekt zu kollaborieren? Hat er noch nie in den Nachthimmel geschaut? Was geht vor in jemandem, der die mit Riesenetat im Reagenzglas gezüchteten Embryos wachsen sieht, während auf der anderen Seite des Glubus die bereits fertigen Kinder mangels einfachster Nahrung immer wieder eingehen?

Gibt es zwei Arten von Wissenschaftlern: die lieben und die perversen? Oder kann ein Forscher sich alles vorstellen, nur nicht die Auswirkung seiner eigenen Tat? Verteidigt er mit seinem unheiligen Handeln eine wie auch immer geheiligte »Freiheit der Wissenschaft«? Oder denkt er, daß dieses auf den ersten Blick so Schreckliche dann schon auf den zweiten das in ihm verborgene Gute zeigen wird? Warum marschiert er, der am meisten Betroffene, nicht in der vordersten Reihe, wenn es um die Einschränkung von Tierversuchen geht? Weil er weiß, daß *alle* diese Quälereien *unerläßlich* sind? Oder weil sie erstens Arbeitsplätze sichern und ihn zweitens schon längst nicht mehr stören können? »Lieber Gott, ich hoffe, daß Ameisen nichts Besonderes sind, denn ich zerquetsche sie die ganze Zeit«, fragt ein gewisser Dennis in seinem Brief an die Oberste Instanz. Bis die Antwort eintrifft, werden seine erwachsenen Kollegen wohl so weitermachen.

Denn leider besteht der Verdacht, daß es auch in den exakten Wissenschaften wieder einmal sehr viel phantasieloser zugeht, als wir uns dies in unseren schlimmsten Alpträumen auszumalen wagen; daß es nicht wenigen Forschern und Forscherinnen völlig egal ist, wonach sie forschen und mit wessen Mitteln sie das tun. Der Zufall hat einen bestimmten Menschen nach einem möglichst brillanten Universitätsdiplom (dessen ausschlaggebende Zutaten, wie man weiß, nicht Phantasie und Einfühlungsgabe sind, sondern Fleiß, Zielstrebigkeit und die Anerkennung der Lehrmeinung) auf ein bestimmtes Gleis gestellt. Und solange man ihn in Ruhe arbeiten läßt und nicht allzu schlecht bezahlt, fährt er darauf dann eben meist so lange weiter, bis er zu einem Bahnhof kommt. *Zu irgendeinem.*

Diese von uns anderen so bestaunte Ankunft – *die Ent-*

deckung – ist wohl in erster Linie das Ergebnis statistischer Wahrscheinlichkeit. Wenn heute in den fortschrittlichen Ländern des Westens drei Millionen Forscher in gutausgerüsteten Labors Versuchsreihen anlegen und Experimente variieren, muß es schon nach dem Gesetz der Serie immer wieder einmal zu einem sensationellen Ergebnis reichen. Im Feedback verleiht dies dann allen auf ähnliche Weise Tätigen den Nimbus einer in der Praxis vielleicht nur äußerst selten vorkommenden Vorstellungskraft. Denn logischerweise können gerade jene, die hier die am höchsten dotierten Forschungsaufträge ergattern – und das sind in allen Ländern die aus der Rüstungsindustrie –, mit diesem Vorzug auf keinen Fall gesegnet sein: Sonst müßten sie die Arbeit ja schon im Interesse ihrer Kinder sabotieren. (Daß ein Wissenschaftler an die Kinder der potentiellen Feinde denkt, erwartet ohnehin niemand mehr.)

Der stetige Ausbau der Vernichtungsmaschinen beweist, daß Wissen mit Intelligenz nichts, aber auch gar nichts zu schaffen hat. Als die US-Regierung gleich nach dem Gipfel von Reykjavik die neuen Etatzahlen ihres Energieministeriums bekanntgab – von 12,8 Millionen Dollar gehen 65 Prozent an die Entwicklung, Erprobung und Herstellung von Atomsprengköpfen und nur 29 Prozent an zivile und 6 Prozent an Grundlagenforschung (1981 war das Verhältnis noch umgekehrt) –, sind die amerikanischen Physikstudenten nicht zum Massenprotest nach Washington gezogen. Vermutlich haben sie sich dazu gratuliert, eine so zukunftsträchtige Branche gewählt zu haben: Heute können acht Länder Atombomben bauen, bis zum Jahr 2000 werden es voraussichtlich schon fünfzig sein. Dank der Bemühungen unserer Wissenschaftler haben wir die höchste Lebenserwartung aller Zeiten. Dank ihrer Bemühungen sind wir nun zugleich die letzten Lebewesen unserer Art.

Doch im Grunde sind diejenigen, die eine Weltzerstörung ermöglichen, genauso freizusprechen wie alle anderen Beschränkten. Wo kein Vorstellungsvermögen existiert, kann es auch keine Verantwortung geben. Wo keine Sensibilität ist, ist auch kein Schuldbewußtsein. Je weniger Phantasie einer hat, desto schwerer kann er ja ihren

Mangel erkennen. Auf den Vorwurf eines Journalisten, daß es die Physiker waren, die Atom- und Wasserstoffbomben schufen, antwortete der Schweizer Physiknobelpreisträger Heinrich Rohrer: »Nein, das halte ich nicht für wahr. Die Physiker haben zwar diese technischen Systeme gebaut, aber das Problem haben die Politiker geschaffen.« Und die meisten seiner Kollegen würden wohl fast wörtlich das gleiche sagen.

Es gibt also niemand, an den man sich halten könnte. Falls unsere Politiker so phantasielos sind, wie sie hier beschrieben wurden, sind sie so unschuldig wie die Erfinder unseres Massengalgens. »Ein gelehrter Dummkopf ist ein größerer Dummkopf als ein unwissender Dummkopf«, sagt Molière. Wie gleichgültig könnte uns das sein, wenn er nicht auch noch gefährlicher wäre als der Ignorant. Gerade er, der gelehrte Dummkopf, bestimmt ja dann unser Schicksal.

Und weiter.

Wie steht's mit der Phantasie jener, die die Aufträge für das sogenannte Gute verteilen: der privaten Unternehmer? Jeder von ihnen muß ja zu Beginn seiner Laufbahn eine Art Künstler gewesen sein: In einer von Konsumgütern überschwemmten Welt eine »Marktlücke« zu entdecken ist zweifellos eine schöpferische Leistung. Bedeutet es doch, sich in potentielle Käufer einzufühlen und Sehnsüchte zu entdecken, die bisher nicht einmal sie selber kannten (wenn es sich um bewußte Wünsche gehandelt hätte, wären sie längst von anderen Fabrikanten befriedigt worden). Das »unternehmerische Risiko«, mit dem dann später soviel Zweifelhaftes entschuldigt wird, ist in diesem Stadium noch ganz echt: Falls man sich mit seiner »Marktlücke« geirrt hat, ist dieser Anfang nicht selten auch gleich schon das Ende der Unternehmerlaufbahn gewesen.

Wenn man »richtig lag« und der Erfolg in größerem Maßstab kommt, wird aber die Fortsetzung dann ganz andere Qualitäten annehmen. Gerade die Eigenschaften, die dem Unternehmer beim Start zu seinem Höhenflug so hilfreich waren – Phantasie und Einfühlungsgabe –, sind beim weiteren Aufsteigen der schwerste und daher am frühesten abzuwerfende Ballast. Der Fuß in der Tür wird bald nicht mehr genügen. Nun gilt es, diese mit aller Kraft aufzustoßen und da drinnen einen festen Platz zu ergattern: Es beginnt die Schlammschlacht um Marktanteile, das Austricksen der Konkurrenten, das Abspenstigmachen der Kundschaft, das Feilschen um Prozente, das Katzbuckeln um Kredite, die eiserne Hand für die Arbeiter, das Überwachen der Vertreter, das Befördern und Entlassen, das Geschwafel von der großen Familie, die man nun im Dienst des wundervollen Produkts geworden sei.

Und vor allem ist es notwendig, erst eine, dann zwei, dann zehn und dann zwanzig Millionen Umsatz überhaupt zu *begehren* – ein Lebensziel, das nicht jedem gleichermaßen erstrebenswert erscheint. In der Regel geht es also darum, den Künstler der ersten Stunde in aller Stille beizusetzen und als ein anderer zurückzukehren. Und liegt es nicht auf der Hand, daß auch hier der letzte Mensch am schnellsten der erste werden kann? Und daß er es dann am längsten bleibt?

Und so ließe sich in bezug auf die Spitzen unserer Gesellschaft endlos weiterfragen... Zum Beispiel könnte man fragen, wie es denn mit jenen steht, die unsere Gerechtigkeit verwalten. Welche Art Mensch wird sich darum reißen, die Arbeit eines Richters auszuführen? Denn wie stellt man es gerade hier an, nicht beide Seiten zugleich zu sehen? Wie kann man vergessen, daß es so oft die Umstände sind, die jemanden zum Delinquenten vorbestimmen, und daß da eben logischerweise meist die Ärmsten der Armen vor einem stehen? Wie hält man es durch, immer wieder die kleinen Diebe »abzuschrecken« und niemals die, die sie mit ihrem Luxus provozieren? Wie schläft man, wenn man jemand hinter Gitter bringt, der gerade noch unter Tränen seine Unschuld beteuert hat?

Kein Zweifel – wie bei den Medizinern wird auch hier ein hoher Prozentsatz der Beteiligten gerade im Interesse der Menschlichkeit das alles auf sich nehmen und sich sagen, daß etwas mehr Gerechtigkeit besser sei als das, was ist. Ihnen ist Großes zu danken. Doch werden in der Praxis nicht gerade die Selbstgerechtesten am genauesten wissen, was gerecht ist? Müssen nicht die Gefühllosesten nach einem Urteil am ruhigsten schlafen können? Werden sich nicht die Phantasielosesten in ihren prachtvollen Roben am wohlsten fühlen?

»Das ist der schlimmste Fall, den ich je verhandelt habe«, sagte Justice Wills, als er seinerzeit das Urteil gegen Oscar Wilde verlas: zwei Jahre Freiheitsentzug mit Zwangsarbeit – die härteste Strafe für homosexuelle Vergehen, die zu jenem Zeitpunkt überhaupt möglich war. Und aus eigenem Antrieb fügte er hinzu: »Meiner Meinung nach ist das vollkommen unzulänglich für einen Fall wie diesen.«[*]

Falls man sie nur ließe, würden manche seiner Kollegen wohl auch heute noch mit Vergnügen solche und härtere Urteile verlesen. Das vom Obersten Gerichtshof geschickte Virus kommt ihnen gerade recht: Die Krankheit Aids als Strafe für das Verbrechen, daß da einer seinen Hunger stillte, obwohl doch sein Mund an der falschen Stelle war.

Ausnahmen, die die Regel bestätigen

Es liegt auf der Hand: Auf einem von feinfühligen, phantasievollen – *intelligenten* – Menschen bewohnten Planeten müßte eine große Stille entstehen, wenn es darum geht, den Posten eines Ministerpräsidenten, Gewerkschaftsführers, Bankenvorstands, Kardinals, Generals, Klinikchefs oder Obersten Richters zu besetzen. In unserer wirklichen Welt schreien sie alle: Hier. Sie fühlen sich dafür erschaffen, »Verantwortung zu übernehmen« – möchten »endlich einmal gefordert werden«. Wann immer möglich, vertreiben sie den Amtsinhaber schon vor Ablauf seiner Frist durch Gewalt und Intrigen von seinem Platz. Einleuchtend, daß Sensible da hoffnungslos ins Abseits geraten.

Natürlich gibt es auch bei dieser Regel die berühmte Ausnahme. Zuweilen entstehen tatsächlich Konstellationen, in denen auch ein phantasiebegabter Mensch in eine Machtposition gerät: Irgendein Beschränkter hat ihn aus

---

[*] H. Montgomery Hyde (Hrsg.): The Trials of Oscar Wilde. London 1952

Versehen befördert. Man ist dann dermaßen erstaunt über das, was man in einer solchen Stellung alles bewirken und verändern kann, daß man für diese Person – die doch im Grunde ihre Profession nur endlich einmal so ausübt, wie es sich gehört – eine ganz neue Berufsbezeichnung erfindet.

So wird man einen Politiker, der etwas tut, was über das Sammeln von Wählerstimmen hinausgeht, nicht mehr als Politiker, sondern als *Staatsmann* bezeichnen.

Ein General, der, obwohl er konnte, nicht losgeschlagen hat, wird zum *taktischen Genie* ernannt.

Ein Bankier, der sich der Interessen der kleinen Sparer erbarmt, wird in seiner Branche – sobald feststeht, daß er damit zugleich eine lukrative Marktlücke entdeckte – als *Revolutionär des Kreditwesens* gefeiert.

Ein Unternehmer, der die Arbeitsbedingungen in seinen Betrieben verbessert, noch ehe ihn das Gesetz dazu zwingt, wird hinfort für die Berichterstattung ein *Sozialreformer* sein.

Ein Arzt, der das Naheliegende tut und in die Ferne geht – also dorthin, wo sich keiner um die Kranken kümmert –, wird zum *Humanisten* befördert.

Ein Richter, der für Arm und Reich die gleiche Elle nimmt, ist von nun an ein *Gerechtigkeitsfanatiker*.

Und falls ein Bischof, dem Beispiel seines Vorbilds folgend, auf seinen Komfort verzichtet und als Armer unter Armen lebt, wird er bei den übrigen Christen in kürzester Zeit zum *Märtyrer* oder gar zum *Heiligen* avancieren. Er müßte es nur probieren. In der Regel probiert er es nicht. In der Regel verdankt er sein Amt dem Umstand, daß er noch ein wenig phantasieloser und unsensibler war als all die andern, die sich darum bemühten. Und darum gibt es auch immer viele Bischöfe und wenige Heilige auf unserer Welt.

Als in Argentinien während der Zeit der brutalen Junta-Diktatur die heroischen »Mütter der Plaza de Mayo« – lauter Frauen, deren Kinder und Enkel spurlos verschwunden waren – den Beistand der katholischen Kirche erflehten, haben sich nur drei von achtzig argentinischen Bischöfen auf ihre Seite gestellt. Eine konzertierte Aktion hätte in diesem überwiegend katholischen Land die Folterer gestoppt und Tausende junger Menschen gerettet, bei gemeinsamem Handeln hätten die Protestierenden nichts zu befürchten gehabt. Dank ihrer Beschränktheit haben sie nun nicht nur den Opfern geschadet, sondern auch ihrem Amt – und somit sich selber. Welcher Argentinier kann sich noch guten Gewissens zur Kirche seines Landes bekennen?

Die Mächtigen wären auch ohne Macht zufrieden

Wieder – es geht wohl nicht anders.
 Und darum ist auch kaum etwas zu ändern.
 Die auf dem Gipfel sind – *in der Regel* – die Beschränkteren, sonst kämen sie nicht hinauf. Und falls einer der Phantasievollen sich überwände und die Entbehrungen des Karrieremachens auf sich nähme – etwa im Interesse der Allgemeinheit oder weil es ihn wie jenen Gatsby dazu drängte, eine angebetete Frau durch eine glanzvolle Position zu betören –, wäre er nach seinem langen Marsch durch die Institutionen am Ziel dann mehr oder weniger wie die andern.
 Und auch bei dieser Machtvariante die gleiche Konsequenz. Man hat alles – aber eigentlich hat man auch wieder nichts. Dieselbe Unfähigkeit zum Genuß, die einen Karrieristen seine ganze Kraft dem Aufstieg widmen läßt, muß ihn logischerweise später auch daran hindern, den Platz an der Sonne zu genießen. Woher sollte er auf einmal große Gefühle nehmen?
 »Meine Macht...«, wird er mit traurigem Lächeln sagen, »ich kann doch heute nicht einmal mehr in Ruhe eine Runde Karten spielen: Der einfachste meiner Arbeiter hat mehr von seinem Leben!«
 Und in gewisser Weise hat er sogar recht. In einer demokratischen Gesellschaftsordnung ist das Verharren auf dem Gipfel ein Wettlauf um Sekunden. Ein Arrivierter kann sich nicht zurücklehnen und sagen: So, dem hast du's aber gezeigt! Man wird ihn daran erinnern, daß da schon das nächste Problem auf ihn wartet. Und wenn er dort bleiben will, wo er ist, sollte er sich besser damit befassen. Jetzt gleich.

Und bleiben will er. Leben und Amt sind für ihn längst identisch geworden: Ohne seine Position ist er *niemand*, ohne seinen Apparat ist er *nichts*. Statt Interessen hat er jetzt Verpflichtungen, statt Freunden Beziehungen, statt Kollegen Mitarbeiter, statt Frauen Vorzimmerdamen. Der Gesellschaft der Kartenspieler ist er durch seinen Höhenflug längst entfremdet. Ohne Terminkalender wüßte er tatsächlich nicht mehr, was man mit der Ware *Zeit* macht. Und darum läßt er ihn auch nicht los.

Schade. Denn eigentlich wäre es ein Trost für uns, wenn die, die da so ohne Fortune das Schicksal unserer Welt verwalten, wenigstens selber etwas davon hätten. Wenn die Selbstsicherheit, mit der sie uns von einer Katastrophe in die nächste führen, zumindest ihnen ein Gefühl der Befriedigung verschaffte; wenn sie ihre oft so unbeschreiblichen Grausamkeiten genießen würden. Doch nur ein Wahnsinniger wie Nero wird zusehen, wie Rom verbrennt. Der Normale rast sofort weiter, um Neapel anzuzünden.

III Dummheit & Liebe

> Lieber Gott, die Leute in der Wohnung
> nebenan streiten die ganze Zeit.
> Du solltest nur sehr gute Freunde
> heiraten lassen.
> (Nan, Children's Letters to God)

Wer gehört wem?

Wenn im öffentlichen Leben – also dort, wo einer die Macht über viele haben kann – der Phantasielosere gewinnt, wie ist es dann im privaten, wo es wenige, vielleicht sogar nur einen einzigen zu beherrschen gibt? Existieren in der Liebe, in der Ehe, im Familienleben keine vergleichbaren Machtstrukturen? Ist Liebe wirklich jenes wechselseitige Geben und Nehmen, das von unseren Dichtern besungen und von unseren Männer- und Frauenrechtlern gefordert wird? Oder sind hier die Gesetze eher noch erbarmungsloser: Der eine gibt, der andere nimmt, bis daß der Tod sie scheidet?

Zyniker, Skeptiker und ein Großteil unserer Psychologen scheinen es so zu sehen. Wo sich ihre Beobachtung mit der eigenen deckt, wird man sich vielleicht auch fragen, wie es sogar in diesem heiligsten aller Reviere zu einer so teuflischen Mechanik kommen kann. Warum geht es nicht wenigstens in der Liebe ohne Macht?

Und falls auch hier die Dummheit im Spiel sein sollte: Welche Seite ist im Vorteil? Wer hat die größeren Chancen, die Leidenschaft eines anderen Menschen zu erregen: der Gescheite oder der Beschränkte? Wem fällt es leichter, das Denken und Fühlen seines Gefährten zu manipulieren: dem Phantasievollen oder dem Stumpfen?

Wie steht es mit der unerfüllten Liebe? Ist dieses Mißgeschick so sehr ein Hinweis auf die Unterlegenheit des unglücklich Verliebten, wie er es selbst zu denken scheint? Oder könnte es auch auf die vergleichsweise niedere Intelligenz der angebeteten Person zurückzuführen sein?

Und falls es zunächst für beide positiv verlaufen ist und der Strom der Leidenschaft in eine sogenannte Lebensgemeinschaft mündet: Wer hat dann später in diesem gemeinnützigen Verein die besseren Aussichten, auf Lebenszeit der Nehmende zu werden? Wer ist dazu verdammt, auf ewig der Dienende zu bleiben? – Wer »kontrolliert« die Ehe?

Wie wird es sich wohl mit der Treue verhalten? Wieviel davon gilt wirklich dem, der sie fordert? Wieviel ist lediglich die Folge der mangelnden Vorstellungskraft des Tugendhaften? Und falls man von der Unverführbarkeit eines Menschen einen Rückschluß auf seine geistigen Fähigkeiten ziehen kann – wer schneidet besser ab: der Treue oder jener, der trotz allerbesten Willens dann doch immer wieder nicht ganz treu sein kann?

Wie ist es mit der Ehescheidung? Sind die mit den vielen Ehen wirklich die Schwerenöter? Oder sind's eher die, die sich aus der »Affäre« ziehen, um in die Familiengruft zurückzusteigen? Ist die Zunahme der Scheidungsziffer tatsächlich der Index fortschreitender Gefühlsverrohung? Oder entspricht sie einem erfreulichen Anstieg der Liebesfähigkeit?

Und was passiert bei der Erweiterung des Nests? Welche Voraussetzung braucht einer zum Menschenmachen? Ist die Freude am Multiplizieren der eigenen Person ein Hinweis auf Originalität? Ist der Mut zu vielen Kindern (die schließlich auch heute noch die zuverlässigste Absicherung gegen Scheidung und Einsamkeit im Alter sind) ein Beweis für Vorstellungsvermögen? Wird der, der die anderen eigentlich am meisten bräuchte – der Phantasievolle, Sensible –, auch der sein, der dann später am häufigsten allein bleibt?

Liebe und Macht. Bert Brecht hat auch zu diesem Thema Gedichte geschrieben. Darunter ein ganz kurzes, dem er den Titel ›Schwächen‹ gab:

> Du hattest keine,
> ich hatte eine,
> ich liebte.

War es auch hier ein Hinweis auf Soziales? Ist die Fähigkeit zu lieben ein gesellschaftlicher Nachteil? Werden die mit dem engeren Herzen auch die mit dem längeren Atem sein?

Und beim Wunder der Gegenseitigkeit: Warum kann Liebe hier halten und dort nicht? Ließe sich die Dauer einer Ehe aus dem Intelligenzvolumen der Beteiligten quasi im voraus kalkulieren? Werden die, die sich am wenigsten zu sagen haben, dann auch die sein, die am längsten beieinanderbleiben?

Und falls wie in den Sparten *Reichtum* und *Karriere* auch hier die negativen Verdachtsmomente bestätigt würden – müßte man dann nicht zu dem Schluß kommen, daß sich die Dummheit im Privaten und die im Öffentlichen auf das betörendste befruchten und ergänzen? Weil eben die krisensichere Liebe, die stabile Ehe, das geregelte Familienleben, die paar Kinder und all die anderen Zutaten des sogenannten kleinen Glücks die Basis für das sogenannte große – *Einkommen, Karriere, Status* – bilden? Weil es denen, die sich in einer leblosen Ehe am wohlsten fühlen, auch am wenigsten ausmacht, abends im Büro zu bleiben? Weil wir ihnen, die im Unterschied zu uns so wenig Mühe haben, *einem* Menschen treu zu sein, am bereitwilligsten die Verantwortung für das Schicksal *vieler* anvertrauen?

Und falls sich herausstellt, daß auch in der Liebe wieder die Dummheit triumphiert: Auf welchem Weg kommt hier ihr Sieg zustande?

Liebe ist die Religion mit der kleinsten Gemeinde

Man erkennt es schon an der Terminologie: Liebe ist Götterglaube, Religion. Dem wahrhaft Liebenden ist der Geliebte sein »ein und alles«: Er »blickt zu ihm auf«, er »betet ihn an«, er würde »alles für ihn opfern«, »sogar sein Leben«. Denn erst durch ihn, den Geliebten, hat dieses Leben »einen Sinn« erhalten – falls er ihn verließe, wäre er »verloren«.

Wer dies nicht glauben mag, lese wieder einmal ein paar Liebesbriefe; die eine oder andere Formulierung steht in jedem. Liebeserklärungen sind Kniefälle vor einem höheren Wesen – die bedingungsloseste Form der Kapitulation. Man könnte sie ohne jede sprachliche Korrektur in der Liturgie verwenden.

Der Unterschied zur Kirche besteht in der Anzahl der Personen, die hier an der Andacht beteiligt sind. Zum landläufigen Gott beten viele – man kann daher diese Art zu glauben auch als *Kollektivreligion* bezeichnen. Bei der Anbetung des Geliebten wird man – falls man Glück hat – nur ein einziger sein. Liebe ist daher die Religion mit der kleinsten Gemeinde: Gott und Anbeter im Verhältnis eins zu eins. Man kann sie deshalb auch eine *Individual-* oder *Privatreligion* nennen. Natürlich wird dieser »Gott« frei erfunden sein, doch gibt es vielleicht den anderen?

Jede große Liebe beginnt also mit einer Illusion und kann daher – falls der Tod das Paar nicht in einer relativ frühen Phase der Leidenschaft scheidet oder sich einer von ihnen aus dem Staub macht und sich nie wieder blicken läßt – nur mit einer mehr oder weniger großen Desillusionierung enden: *Du lieber Himmel, was habe ich nur in dem gesehen?*

Wer wissen möchte, warum wir uns trotz der oft fürs ganze weitere Leben katastrophalen Folgen eines jeden dieser »Abenteuer« stets von neuem danach sehnen, *bedingungslos* verliebt zu sein, müßte sich daher zunächst einmal fragen, warum wir Götter brauchen und warum wir beten wollen. Und sosehr er sich auch bemühte, wahrscheinlich würde er immer wieder auf die drei ewig gleichen Gründe kommen. Der Glaube an ein *allmächtiges* Wesen vermag die drei schrecklichsten unserer Ängste zu mildern: die vor der Sinnlosigkeit des Lebens, die vor der Endgültigkeit des Todes, die vor der Freiheit. Das *Gebet* verstärkt die Illusion, daß dieser Glaube irgendwie gerechtfertigt sein könnte: Wenn man niederkniet, kommt Demut auf, wenn man den Kopf neigt, spürt man die Bereitschaft zum Gehorchen, wenn man seinen Kummer formuliert, hat dies sogar dann beruhigende Wirkung, wenn kein Zuspruch und keine Hilfe zu erwarten ist und der andere nicht einmal richtig zuhört. Der Psychoanalytiker kann sich dank dieser Mechanik seinen Lebensunterhalt verdienen (und betreibt damit – obwohl er es selbst anders sieht – *Verhaltenstherapie*).

Die *Angst vor der Sinnlosigkeit des Lebens* ist noch die harmloseste unserer Ängste, weil sie vor allem unserer Eitelkeit zu schaffen macht. Wenn alles sinnlos ist, dann sind es ja auch wir, und gerade diesen Gedanken kann ein Eitler schwer ertragen. Der Glaube an ein höheres Wesen wird ihm helfen, stilisiert er ihn doch zur unentbehrlichen Figur in einem gigantischen Manöver, dessen Zweck man ihm gerade wegen seiner Wichtigkeit noch nicht verraten kann. Für einen gläubigen Menschen wird jeder persönliche Rückschlag zur Chiffre eines schmeichelhaften Codes: Man wird erniedrigt, um erhöht zu werden, und die Ersten werden ohnehin die Letzten sein.

Für die Mehrheit der Phantasiebegabten ist die *Angst vor dem Tod* aber weitaus verstörender. Wie gern wären sie sinnlos, wenn sie dafür wenigstens hundert Jahre länger bleiben dürften. Gerade fängt man an, sich hier ein bißchen einzuleben, und schon soll man wieder fort? Und wohin, wenn man fragen darf? *Ins Nichts?* Und für wie lange? *Für ewig?* Und mit wem? *Allein?* Und wie ist es mit den Formalitäten an der Grenze? Soll man sich als Naturalie in einer Kiste liefern lassen? Schickt man vorsichtshalber nur die Asche? Das Dilemma der letzten Verfügung: In der einen Welt organisiert man die Verpackung, in der andern zahlt man den Transport.

Dieser Angst vor dem Tod folgt auf dem Fuß die vor dem Leben: Die *Freiheit*, mit der wir über Glück und Unglück dieser entsetzlich kurzen Spanne zu bestimmen haben, versetzt uns nun erst recht in Panik. Wenn wir über unser Leben *frei* entscheiden, sind wir ja auch verantwortlich für alles, was mit uns passiert? Schon das Planen einer Urlaubsreise bringt uns da in Schwierigkeiten: Wenn ich fliege, kann ich abstürzen – was wird in diesem Fall aus meinen Kindern? Wenn ich das Auto nehme, muß ich über alle diese Brücken – wie soll ein Volk, das nicht einmal lesen kann, etwas von Brückenbau verstehen?

Der Glaube an eine Macht, die uns beobachtet und lenkt – und zwar *zu unserem Besten* –, würde auch hier *Erlösung* bringen. Dank ihrer könnten wir später weiterleben (was würden wir nicht alles tun, um eine solche *Gnade* zu *verdienen!*) und wären jetzt schon unsere Freiheit los: Was wir auch anstellten – ein Klügerer hätte uns ferngesteuert. Für einen Gläubigen ist jede Brücke die von *San Luis Rey:* Wann immer er sie betritt, es ist genau der richtige Augenblick gewesen. Und überall mildernde Umstände: Freispruch, Euer Ehren, mein Mandant war nicht *frei.*

Himmel Nr. 1

Das Schema ist also erkennbar. Je größer die Vorstellungskraft, desto größer die Angst vor dem, was passieren kann – und folglich auch die Sehnsucht nach einer Instanz, die einen von der Verantwortung entbindet. *Herr, in deine Hände lege ich mein Schicksal* – das ist der Satz, der jedem phantasiebegabten Menschen auf den Lippen brennt. Doch zu wem könnte er ihn sagen? Wo wäre ein Gott?

Als Kind hatte er damit keine Schwierigkeiten. Damals ist die Mutter – in seltenen Fällen auch der Vater – sein Gott gewesen. Der Lebenssinn bestand darin, *ihr* zu gefallen. Die Bedingungen waren überschaubar: Bravsein, Aufessen, Zähneputzen, Beten. Denn über ihr, sprach die Göttin, sei noch ein zweiter, ein richtiger Gott... *Aber ich sehe keinen? Er ist unsichtbar – du kannst ihn nicht sehen.*

Doch eigentlich war das egal. Man betete zwar zu dem anderen, aber man tat es ihretwegen.

Gegen die Todesangst war man sogar überversichert. Sterben war etwas für die alten Leute, und man war ein Kind. Außerdem war da noch dieses Paradies, von dem die Göttin erzählte. Alles wie daheim, nur noch viel schöner. Die herrlichsten Wiesen zum Herumtoben. Schafe, Schäfer, Schäferhunde. *Bist du da auch? Ich bin sogar schon vor dir da und werde gleich hinter dem Eingang auf dich warten.*

Die Angst vor der Freiheit konnte man gar nicht kennenlernen. Bis ins kleinste Detail war ja von dieser Göttin alles geregelt. Kritik an der Weisheit ihrer Entscheidungen hätte sie nur traurig gemacht. Auch den Altar mußte man nicht lange suchen: Wenn man ihr ein paar Gänseblümchen brachte, erntete man ein Lächeln.

Doch irgendwann hat man sich dann aus diesem Himmel hinauskatapultiert. Mit dem Aufwachsen kam auch die größere Übersicht: Man begann, seinen Engel mit dem der anderen Kinder zu vergleichen. Aha, so perfekt ist er also gar nicht gewesen? Und auch mit der Unfehlbarkeit war's nicht weit her...

Es beginnt die bittere Zeit der Pubertät. Der Stern des

Kindheitsgottes ist im Sinken, und weit und breit ist noch kein neuer in Sicht. Eine Zeitlang überzeugt man sich noch mit gezielter Blasphemie, daß man sich nicht getäuscht haben kann – widerspricht dem ausgedienten Gott, kritisiert und beschimpft ihn. Und siehe da, kein Blitz schlägt ein. Da sitzen nur betrübte Eltern, die ihre Kreation nicht mehr verstehen.

Und nun wird auch der Gehorsam verweigert. Da man dieser Instanz nicht mehr glauben darf, fehlt der Religion das *sine qua non:* Das Befolgen der Gebote muß *freiwillig* geschehen. Dies ist tatsächlich das einzige, wozu sich der Phantasievolle *Freiheit* wünscht: Sobald ein bestimmter »Gott« seine Sehnsucht nach Selbstaufgabe nicht mehr voll befriedigt (sobald er nicht mehr bedingungslos an ihn *glauben* kann), möchte er sich einen neuen suchen dürfen. Und der Erwählte wird immer der sein, der ihm am meisten Unfreiheit verspricht: *Ich bin der Weg, die Wahrheit und das Leben.* Daß man neben ihm keine andern Götter haben soll, müßte er nicht dazusagen. Intelligenz macht *monotheistisch:* Auf keinen Fall möchte man zu zwei Instanzen beten und zwischen zwei Arten von Gut und Böse entscheiden müssen. Dann wäre man ja wieder *frei.*

Das Kreuz mit den Göttern

Um dem eisigen Wind dieser ersten Freiheit zu entrinnen, werden immer neue Götter ausprobiert. Alles, was Maßstäbe setzen könnte, ist willkommen: Selbstbewußte Klassenkameraden und unorthodoxe Lehrer werden angehimmelt, über dem verwaisten Hausaltar sind die Porträts von Fußballhelden und Popstars aufgehängt. Doch da man weiterwächst, sind nach ein, zwei Jahren meist auch diese Idole schon wieder zu klein.

Und natürlich wird in dieser Zeit der Suche erstmals auch der Gott der abgesetzten Göttin einer genaueren Betrachtung unterzogen. Jener unsichtbare Dienstleistungsbetrieb, dem man noch vor ein paar Jahren so souverän seine Anweisungen gab: *Lieber Gott, mach mich fromm, daß ich in den Himmel komm!* Allerdings ist hier größte Vorsicht am Platz: Wie sollte jemand, den man gerade erst als falsche Autorität entlarvte, einen Gott haben, den man akzeptieren kann?

Da man bei dieser ersten Enquete noch die Logik und nichts als die Logik gelten läßt, ist das Ergebnis um so verheerender, je besser der Inquisitor zum Denken befähigt ist. Dieser Gott, stellt er fest, hat zwar vielleicht die Erde gemacht, leider aber auch das Erdbeben. Er schickt einem das Badewasser, aber auch die Überschwemmungskatastrophen. Er läßt Krokusse und Krebsgeschwüre gleichermaßen sprießen, hält seine Hand über den Flug von Schwalben und Raketen. Wenn es ihn gibt, dann ist er nicht nur der Vater des Atoms, sondern auch der Atombombe gewesen. Dann ist er nicht nur der Erfinder der Kinder, sondern auch der Kinderlähmung. Dann hat er seinen hübschen Homos das brutale Aids-Virus hinterhergeschickt. Dann hat er sich nicht nur ein »auserwähltes Volk« erkoren, sondern auch noch jenes zweite, das es wegradierte. So wunderbar sind seine Wege also nicht. Höchstens zum Wundern.

Und als Adressat für Gebete wäre er schon gar nicht zu gebrauchen. Denn wenn dieser Gott so ist, wie er ihm erscheint – *unzurechnungsfähig und grausam* –, dann sollte man auf gar keinen Fall durch Beten noch zusätzlich seine Aufmerksamkeit provozieren: Wer weiß, ob er einem zur schlechten Physikzensur nicht auch noch ein gebrochenes Bein schickt?

Und falls er so ist, wie ihn die anderen zu sehen scheinen – *gütig und barmherzig* –, dann tut er ohnehin sein Bestes, ohne Ansehen von Rasse, Hautfarbe ud Religion. Bei einem *lieben* Gott wäre schon aus *christlichen* Gründen vom Beten abzusehen. Denn es gibt ja immer Leute, die seine Erste Hilfe noch dringender bräuchten. Was ist, wenn er sich in seiner Barmherzigkeit erweichen läßt (vielleicht nur, weil man besser formulieren kann als irgendein verhungernder Analphabet) und einen vorher an die Reihe nimmt? Eigentlich, denkt er, könnten nur Atheisten reinen Gewissens beten. Gerade weil sie nicht fürchten müssen, sich bei irgend jemandem vorzudrängen, kann die beruhigende Wirkung des Mantra sich entfalten. Sie wissen: So viele Patienten da auch warten, dieser Doktor hat ohnehin zu.

Auch der gepriesenen Selektion an der Ewigkeitsrampe – *der da fürs Paradies, jener fürs Fegefeuer* – kann unser Denker nicht viel abgewinnen. Fragt er sich doch, wie ein Christ seinen Weg ins ewige Leben genießen könnte, wenn sie die anderen in jenes ewige Auschwitz transportieren? Wo man doch heutzutage schon in der Schule lernt, daß es die sozialen Umstände sind, die den »Sünder« produzieren! Sein Klassensprecher hat ihm kürzlich vorexerziert, wie solche Situationen zu behandeln wären: *Kommt nicht in Frage*, hat er zum Direktor gesagt, *entweder wir gehen alle auf dieses Fest, oder es kommt überhaupt keiner.* Das hat ihm vielleicht Eindruck gemacht, dem alten Besserwisser.

So vergehen Jahre mit den Göttern anderer Leute. Und eines schönen Tages ist er dann erlöst: Unterstützt von seinem wachsenden Sexualtrieb, hat er in der Parallelklasse jemanden entdeckt, der sich sehr viel besser dazu eignet, sein Gott zu werden: Er findet die große Liebe. Daß es die erste einer ganzen Serie ist, würde er nicht glauben. Einen Gott wie diesen kann es nur einmal geben.

Eine Freiheit namens Liebeskummer

Das Problem ist nur, daß der, den er da gefunden hat, aus derselben Richtung kommt wie er und auf der Suche nach dem gleichen ist. Auch er flieht vor seiner allzu großen Freiheit, auch er sehnt sich nach jemandem, zu dem er »aufblicken« kann.

Nach einer mehr oder weniger langen Zeit des *Liebeswerbens* – eine Art Einbahnbeten, bei der der Gottsucher dem endlich Gefundenen erklärt, er sei das überwältigendste aller vorstellbaren Wesen – kommt dann der Augenblick, in dem beim Beten der Gegenverkehr beginnt: Der Gott hat seinen Anbeter »erhört« und beginnt, zu ihm zurückzubeten.

Das klingt am Anfang harmlos. Während sich die Körper kennenlernen, ist die Andacht lapidar. *Ich liebe dich*, betet der eine zwischen Küssen. *Ich liebe dich auch*, betet der andere zurück. Doch dann ist der Altar erforscht, die Aufmerksamkeit beginnt sich mehr und mehr der Liturgie zuzuwenden.

Um den lustvollen Abstand zum Gott wiederherzustellen, wird man nun einen Schritt weiter gehen und dessen *Ich liebe dich auch* mit einem *Ich liebe dich wahnsinnig* übertrumpfen. Doch falls es auch bei ihm die große Liebe ist, wird dies wenig nützen: Auch er radikalisiert seine Bankrotterklärung. So kommt mit der Zeit eine Kapitulation zur andern, bis sich dann der Dialog zwischen leidenschaftlich Verliebten – stark stilisiert – mitunter so anhört:[*]

»Noch nie habe ich eine Frau so begehrt wie dich.«

»Und ich habe das Gefühl, überhaupt noch nie einen Mann begehrt zu haben.«

»Wenn du da bist, muß ich dich ansehen. Wenn ich allein bin, denke ich stundenlang an dich.«

»Ich kann ohnehin nur noch an dich denken.«

»Warum ausgerechnet ich, frage ich mich dann – sie könnte doch jeden haben!«

»Und du? Alle Frauen stehen dir zur Verfügung!«

»Ich will nur dich. Du bist die, auf die ich gewartet habe, das weiß ich genau.«

»Und ich weiß, daß ich nie vorher geliebt habe. Und daß ich nie jemanden lieben werde, der nicht du bist.«

»Ich kann ohne dich nicht mehr leben.«

»Ich auch nicht. Falls du vor mir stirbst, bringe ich mich um.«

Ja, was ließe sich darauf noch sagen? Und: Wie könnte ein Gott, der ohne seine Kreatur nicht existieren kann, noch lange zum Anbeten geeignet sein? »Ein Klub, der mich zum Mitglied will, ist mir nicht vornehm genug«, lautet Groucho Marx' grausames Paradoxon. »Zu einem Gott, der mich anhimmelt, möchte ich nicht beten«, könnte man es für die Liebe variieren. Immer, falls man sich eingestünde, daß der Zweck des ganzen Unternehmens mehr als dem Stillen der sexuellen Sehnsüchte der Befriedigung des Verlangens nach Unfreiheit gegolten

---

[*] Die Autorin hat diese Mechanik in ihrer Novelle ›Die Mathematik der Nina Gluckstein‹, München 1988, beschrieben, der auch der zitierte Dialog entstammt.

hat. Da wenige Menschen so grob mit sich umgehen mögen, wird man sich in der Regel nur sagen, daß der andere einen irgendwie zu langweilen beginnt; und daß man sich fragt, was man eigentlich in ihm gesehen hat.

Mit anderen Worten: Bei phantasievollen, sensiblen Partnern wird der, dem der Gott am ersten zu fehlen beginnt (und der am meisten Auswahl hat), sich lösen und von neuem auf die Suche gehen. Und wenn er dann einen findet, der besser zum Anbeten taugt, läßt er den früheren rücksichtslos fallen: Die neue Religion heiligt jedes Mittel, das dazu dient, sich der alten zu entledigen.

Und eines Tages blickt der Zurückgebliebene dann auf und merkt, daß er in seiner Kirche allein ist. Sein Gott hat ihn verlassen – er ist wieder *frei*. Die Sprache hat für dieses Entsetzen einen harmlos klingenden Namen: *Liebeskummer*. Ein Zustand, in dem das Sterben reine Formsache wäre: Man ist so sehr daran gewöhnt, sich und die Welt mit den Augen des Angebeteten zu betrachten, daß man ohne ihn nicht mehr vorhanden ist. Und weit und breit kein Trost: »Schau dich doch um«, sagen die Freunde, »es gibt Millionen andere, und die meisten sind schöner und gescheiter als der.« Doch man sieht sie nicht.

Glücklicherweise wird das Elend mit der Zeit trotzdem irgendwie geringer. Und eines Tages steht dann tatsächlich der nächste Erlöser vor der Tür. Diesmal, sagt man sich, wird man vorsichtig sein.

Die mathematische Lösung

Vorsicht in der Liebe – was käme bei diesem Kunststück wohl heraus? Müßte es doch zwangsläufig darin bestehen, den Anbeter *nicht* zu erhören – jedenfalls nicht immer. Seine Gebete *nicht* zu erwidern – oder wenigstens nur sporadisch. Seine Bankrotterklärung *nicht* zu unterbieten und ihm – selbst wenn es hundertmal die Wahrheit wäre – *auf keinen Fall* zu sagen, daß man ohne ihn nicht leben kann.

Gut, vielleicht wird sich einer, der erkannt hat, nach welch grausamer Gesetzmäßigkeit die Liebe zwischen phantasievollen, sensiblen Menschen funktioniert, unter Aufbietung seines ganzen Willens dazu durchringen, im Beteuern seiner Leidenschaft wenigstens etwas zurückhaltender zu werden: Der Passion seines Partners könnte es nur von Nutzen sein, und seiner eigenen würde es nicht schaden. Doch das ganze mathematische Programm? Kann jemand zugleich kühl und leidenschaftlich, beherrscht und verlangend, mächtig und ohnmächtig sein?

Und selbst wenn er diese paradoxe Aufgabe meistern würde; wenn es ihm gelänge, den Geliebten dank einer Taktik äußerster Zurückhaltung immer fester an sich zu binden und zu erreichen, daß jener ihn immer mehr *braucht* – wo läge sein Gewinn? Wäre der, den er nun so total erobert hat, noch der, den er erobern wollte? Wo bliebe die Göttlichkeit eines Gottes, den er manipulieren kann? Wie könnte er ihn noch *lieben*?

Indem man jemanden zähmt, hat man ihn auch entzaubert, indem man ihn entzaubert hat, hat man ihn auch zerstört. Die so schwer erlernte Zurückhaltung wäre damit überflüssig – nicht einmal im verborgenen möchte man zu dem gestürzten Idol noch beten. Und falls nun ein anderer, besser zum Herrgott Geeigneter des Weges käme, würde man ihm ohne Gewissensbisse folgen. Dem Zurückbleibenden teilt man mit, daß er nun einfach nicht mehr der sei, in den man sich seinerzeit verliebte.

Mit anderen Worten: Falls sich das Problem der Liebe überhaupt auf mathematischer Basis lösen ließe, wäre diese Lösung nur dann von Nutzen, wenn es uns beim Lieben *um das Glück des andern* ginge. Da er nur beten kann, wenn wir ihm *nicht* zu Füßen liegen, wären wir schon aus ethischen Gründen dazu verpflichtet, ihm unsere Liebesschwüre zu ersparen. Könnten wir ihn doch so für lange Zeit, eventuell sogar für immer vor Desillusionierung schützen und ihm den Gott erhalten, den er so dringend benötigt.

Doch trotz aller frommen Sprüche geht es uns in der Liebe ja nicht in erster Linie um das Glücklichmachen des Geliebten. Wie so häufig steht auch hier das eigene Glück im Vordergrund. Gerade die ganz große Liebe – wo man dem Partner alles, notfalls sogar sein Leben, opfern würde – ist wohl das härteste aller zwischenmenschlichen Geschäfte (härter noch als *Freundschaft,* diese Versicherung gegen Notstände, die keine der üblichen Policen deckt). Das Liebespaar ist eine Firma, der beide Partner zwecks Bekämpfung ihrer Existenzangst beigetreten sind. Die Strategie besteht darin, selbst der zu werden, der »aufblicken« darf, und den Schwarzen Peter *Freiheit* dem andern zuzuschieben. Für diesen Vorzug würde man über Leichen gehen, und logischerweise wird der tödlich Getroffene meist ausgerechnet der ehemals so Geliebte sein.

Mathematisch ist das Dilemma also wohl kaum zu lösen. Sonst würden gerade die, die unter dieser unglückseligen Mechanik am meisten zu leiden haben – die Intelligenteren –, sich einer solchen Mathematik bedienen. Doch wohin man hier auch blickt, überall ist der gleiche dumpfe Mechanismus zu erkennen. Etliche Monate gemeinsamen Glücks, und dann zerfällt das Paar unweigerlich in einen Teil, der immer mehr, und einen, der immer weniger empfindet. Einen, der zu fliehen beginnt, und einen, der ihn verfolgt, ohne ihn je wieder einzuholen. Vor allem, weil der Flüchtende – der ja auch die große Liebe sucht – bald schon hinter einem Dritten her ist, der seinerseits vor ihm davonrennt. Bis einem dann schließlich auch dieses Vergnügen gestrichen wird.

Das Opium der Gescheiten

Denn eines Tages ist dann die Jagdsaison zu Ende. Mit irgendeinem aus der Liebesstafette hat man während der Phase der gegenseitigen Anbetung einen Exklusivvertrag geschlossen: Man hat ihn geheiratet und einen Menschen mit ihm gezeugt. Das mit dem Gott gemachte Kind – das *Kind der Liebe* – ist die maximale Eskalationsmöglichkeit des religiösen Wahns, in dem sich jeder wirklich Liebende befindet. Die bisher nur mündlich abgegebene Kapitulationserklärung wird hier durch eine irreversible Handlung abgesichert: Durch das Kind kann man dem Angebeteten beweisen, daß das alles keine leeren Worte waren, daß man tatsächlich bereit ist, ihm sein *Leben zu weihen.*

Außerdem ist dieses Kind die beste Vorkehrung gegen die einzige Katastrophe, die man nun noch fürchtet: die, daß der Geliebte einem davonlaufen könnte.

Doch dann ist es auch mit dieser Religion vorbei; und man möchte selber weg. Dem ausgedienten Gott könnte man leicht die kalte Schulter zeigen; wenn man *erkennt*, daß man einen bestimmten Menschen nicht mehr liebt, bedeutet das ja in der Regel, daß da ein anderer ist, zu dem man sich *bekennen* möchte (Erkenntnis = Bekenntnis). Doch wie verläßt man ein Kind? Je phantasievoller und sensibler einer ist, desto unüberwindbarer sind seine Gefängnismauern. An den früheren Gott kann er nicht mehr glauben, und auf dem Altar des neuen müßte er zunächst einmal das Glück eines kleinen Kindes massakrieren. Je besser er sich dessen Unglück auszumalen weiß – je mehr Einbildungskraft er besitzt –, desto weniger ist er imstande, sich aus dem Staub zu machen. Mit den *Individualreligionen* ist es nun für lange Zeit vorbei.

Und natürlich muß das die Stunde der *Kollektivreligionen* sein. Da die Exklusivgötter tabu sind, wendet man sich den erlaubten zu (denen, die vielen Menschen gleichzeitig zum Anbeten zur Verfügung stehen) und lindert hier seine Ängste. Nicht, daß man mit der Frage nach dem Sinn des Lebens irgendwelche Schwierigkeiten hätte. Das Glück des Kindes ist nun dieser Sinn. Doch die beiden anderen Ängste – die vor dem Tod und die vor der Freiheit – sind gerade dadurch noch größer als zuvor. Der Tod bedeutet nun auch, einen Hilflosen zurückzulassen. Und mit seiner Handlung entscheidet man nicht mehr nur über das eigene Schicksal, sondern auch über das des kleinen Menschen, den man während der Phase der Unzurechnungsfähigkeit erschuf.

Und je dringender man nach Hilfe sucht, desto großzügiger werden auch die Maßstäbe, nach denen man das zur Verfügung stehende Religionspotential beurteilt. Jener Gott der Eltern, wie streng ist man doch seinerzeit zu ihm gewesen! Er ist zwar unterdessen nicht vertrauenswürdiger geworden – eher schon das Gegenteil –, doch wenn man nun selbst seine Logik ändert? Wenn man sich zum Beispiel sagt, es müsse ihn schon deshalb geben, weil man ihn so dringend braucht, und die Sehnsucht nach dem Beten als Beweis für die Existenz des Adressaten gelten läßt? Da war man kürzlich nach Jahren wieder einmal in seiner Kirche: Hat einen das Niederknien nicht trotz aller Skepsis irgendwie mit Frieden erfüllt? Kann das noch die Wirkung des Placebos sein?

Diese nostalgische Rückkehr ist selbstverständlich nicht jedermann gegeben. Der eine oder andere versucht es lieber mit einer der zeitgenössischen Religionen, unterwirft sich etwa den Regeln eines Guru oder befolgt die Anweisungen der Kommunistischen Partei (und bekämpft jeden, der die Freude an deren Froher Botschaft nicht teilen mag). Andere lassen sich ihr Horoskop errechnen: *Eben: Was mir da passiert ist, stand alles in den Sternen. Und wie soll's nun weitergehen? Diese neue Stelle – annehmen oder nicht?* Wieder andere werden versuchen, sich als wandernde Seelen zu begreifen: daß es ihnen in diesem Leben schlechtgeht, kommt daher, daß es ihnen im vorigen so gut gegangen ist, und im nächsten schwingen sie sich dann als Adler in die Lüfte. Bei wieder anderen tut's auch schon das Kartenlegen: *Ein As bei der Dame? Da kommt Ihnen ein großes Glück ins Haus ... Nur vor dem Buben da muß ich Sie warnen ...*

Wen seine Psyche zu keiner dieser Tröstungen begnadigt, der wird seine Angst mit Arbeit, Alkohol oder Medikamenten zu betäuben suchen. Doch keine dieser Drogen schenkt ihm auch nur annähernd den Rausch, den ihm seinerzeit das Opium Liebe bescherte.

Die Liebe ist ja ein veritables *Lust-Paket:* Da sie zugleich die Sehnsucht nach dem Sexualpartner und die nach dem Gott befriedigt, ist sie – zumindest für Kinderlose mit intaktem Sextrieb – allen anderen Religionen überlegen. Dies ist wohl der tiefere Grund der Zölibatsverordnung: Die Kirche weiß, daß ein Priester während der Dauer seiner Passion den Gott, auf den es ihr selber ankommt, an die zweite Stelle rückt. Daß sie die Leidenschaften ihrer Diener trotz Strafandrohung nicht verhindern kann, beweist sowohl die Unweisheit ihrer Entscheidung als auch die Überlegenheit des privaten Sammelangebots. Erst wenn der Unfreiheitskämpfer ein gewisses Alter erreicht, kehrt er in *ihren* Schoß zurück.

Das Fleisch, dessen Anfechtungen er nicht widerstehen konnte, widersteht nun ihm.

Sein ungläubiger Bruder draußen hat es da bedeutend schwerer. Und er fragt sich, warum gerade er – der sie doch so dringend brauchte – die ganz große Liebe, die *für immer,* nicht finden konnte. Was hat er falsch gemacht?

Dummheit macht freiheitsliebend

Einer der Fehler des Frustrierten bestand vermutlich darin, daß er anstatt auf einen Dummen immer wieder auf Gescheite traf. Denn vor allem, wenn sie schön sind, vermögen dumme Menschen bei Phantasiebegabten wenigstens einigermaßen haltbare Leidenschaften auszulösen. Allerdings sind diese dann nicht gegenseitig: Hier liebt nur einer, und dieser kann stets nur der Intelligentere der beiden sein. Doch wenn der Dumme sich nicht äußert, kann diese Beziehung von Außenstehenden leicht als reziproke Leidenschaft gesehen werden. Es ist sogar wahrscheinlich, daß auch er selbst das für die große Liebe hält. Denn er fühlt sich ja wohl in dieser Verbindung: Würde der Partner nicht alles, notfalls sogar sein Leben, für ihn geben? Und etwas anderes als dieses dumpfe Wohlbehagen kann er sich unter Liebe nicht vorstellen.

Was einem Intelligenten mit aller Mathematik niemals gelingen könnte – der Dumme tut es automatisch. Ihm geht es ja beim Lieben niemals um das Beseitigen irgendwelcher Ängste. Wenn man Dummheit nicht als *Ignoranz,* sondern nach dem hier verwendeten Maßstab als *Mangel an Vorstellungskraft und Sensibilität* definiert, fühlt der Dumme sich in seiner Freiheit ja sehr wohl. Er verfügt gar nicht über genügend Phantasie, um sich die Folgen seiner Taten auszumalen. Und auch der Gedanke an den Tod wird ihn nicht schrecken: Er kann sich nicht vorstellen, daß es *ihn* eines Tages nicht mehr geben soll.

Nach dem Sinn des Lebens wird er sich sowieso nicht fragen: Seine Handlungen erhalten in der Erfüllung seiner Komfortgelüste einen unmittelbaren Sinn, und der genügt ihm. Das Religionsbedürfnis des Intelligenten ist ihm also fremd. Sollte es trotzdem einmal auftreten, befriedigt er es umgehend an sich selber: Es liegt im Charakter des Dummen, daß er imstande ist, die eigene Person hemmungslos zu bewundern. Notfalls ist er einfach sein eigenes Idol.

Natürlich kann das nicht heißen, daß in unseren Gotteshäusern ausschließlich intelligente Leute verkehren. Auch der Dumme geht in seine Kirche. Doch sucht er dort weniger den Schutz des (unsichtbaren) Hirten als den der (sichtbaren) Schafe. Er weiß, daß es von Vorteil ist, zu einer möglichst großen Herde zu gehören. Und damit die andern begreifen, daß man einer der ihren ist, müssen sie einen möglichst häufig bei der gleichen Beschäftigung sehen.

Aber auch mit den *Glaubensinhalten* hat der Dumme kein Problem. Einem gescheiten Menschen würde es beinah noch leichter fallen, an die Existenz des Ungeheuers von Loch Ness zu glauben als an die eines überirdischen Wesens. Doch wenn er seine Angst beschwichtigen will, muß er es trotzdem mit letzterem versuchen. Das Wort Gottes ist ihm dabei eher ein Hindernis: Solange er nicht zum Fanclub gehört, ist ihm die Bibel ein Einschüchterungsversuch voller poetischer Widersprüche. Auf die berühmte einsame Insel ginge er jedenfalls lieber mit ›Moby Dick‹ als mit dem Werk des gepriesenen Autorenkollektivs. Und dennoch muß gerade er dann oft hier seine Richtlinien finden.

Der Dumme hat mit alldem keine Schwierigkeiten: Aber natürlich werden die Ersten dann die Letzten sein, warum auch nicht? Selbstverständlich wird einem dieser Herrgott dann eines unendlich fernen Tages die Pforten seines Paradieses öffnen. Denn erstens hat man ja nun jahrelang zu ihm gebetet, und zweitens hat er es auch noch schriftlich gegeben.

Mit anderen Worten: Der Beschränkte erfüllt beim Beten eine Pflicht, der Gescheite befriedigt ein Bedürfnis. Der Beschränkte glaubt, weil er es nicht besser weiß, der Gescheite glaubt wider sein besseres Wissen ... Nach dem traditionellen Intelligenzbegriff wäre Religion tatsächlich »etwas für die Dummen«, wie es so gerne heißt. Erst wenn man dem hier verwendeten Maßstab folgt, kann es überhaupt *intelligente* religiöse Menschen geben:

Je größer die Phantasie, desto schrecklicher die Angst und desto stärker die Notwendigkeit, den Strohhalm zum rettenden Balken zu idealisieren.

Dummheit macht göttlich

Und die gleiche souveräne Haltung bringt der Dumme dann auch in die Privatreligion *Liebe* ein. Während es dem Intelligenten vielleicht mit äußerster Willenskraft gelingt, die Kapitulationserklärung seines Geliebten nicht zu erwidern, besteht beim Beschränkten geringe Gefahr, daß das geschieht. Ihm kann ein anderer Mensch *gefallen*. Er kann ihm sogar *sehr gefallen*. Doch *anbeten* wird er ihn höchstens, weil er das im Kino gesehen hat: *Aha, so redet also ein Verliebter? Muß ich mir merken!* Er ist insofern tatsächlich »göttlich« und für die Gebete des anderen wie geschaffen.

Gerade die erfolgsverwöhnten unter den Intelligenten, diejenigen, die auf ihresgleichen den größten Eindruck machen und deshalb auch gezwungen sind, am häufigsten ihre Partner auszuwechseln (stets kommen von der anderen Seite zu bald zu viele Kapitulationserklärungen), sind dazu ausersehen, zur glücklichen Beute eines Beschränkteren zu werden. Dessen Zurückhaltung treibt ihn zum Wahnsinn: Was ist los, fragen sich Don Juan und Doña Juana, daß ich (der ich sonst allen gefalle) gerade auf diesen da (der doch eigentlich gar nichts Besonderes ist) keinen Eindruck mache? Was muß ich tun, damit er mich zur Kenntnis nimmt? Wie muß ich werden, um seine Liebe zu *verdienen?*

Fragen wir uns nicht immer wieder einmal, warum dieser oder jener bewunderte Künstler oder Intellektuelle, der doch wohl *jeden* zum Partner haben könnte, ausgerechnet für diesen Langweiler da entbrannte? Über welche geheimnisvollen Vorzüge muß dieser Mensch verfügen, daß er solche Leidenschaften in ihm entfesseln konnte? Ist es vielleicht das Bett? Und wenn ja: Was hat er da den anderen voraus?

In Wahrheit wird dessen Geheimnis meist in seiner Dummheit gelegen haben. Für den Zauber, den der Umschwärmte auf seine Umwelt ausübt, ist er ganz einfach unempfänglich gewesen: Seine Vorstellungskraft war nicht stark genug, um ihm die Vorzüge eines Lebens mit einem so aufregenden Menschen auszumalen. Er hat daher in aller Seelenruhe abgewartet und gerade dadurch den anderen immer weiter in einen Zustand von Unsicherheit und Verlangen manövriert: Kein Zweifel, dies *muß* die große Liebe sein. Denn soviel wie diesmal hat er noch nie für jemanden empfunden!

Falls jener Phantasielose ihn in diesem Stadium fallenläßt und einen anderen nimmt oder sich gar entscheidet, hinfort allein zu bleiben – seine Freiheit stört ihn ja nicht –, dann hat der Intelligente nicht nur die große, sondern sogar die einzige Liebe seines Lebens gefunden. Ja, in diesem und keinem anderen Klub wollte er Mitglied werden – doch sie haben ihn ja nicht hineingelassen!

Wenn er später behauptet, daß seinerzeit sein Herz gebrochen sei, ist das in keiner Weise übertrieben. In wessen Armen er hinfort auch liegen mag, er wird sich immer nach jenem einen, dem Beschränkten, sehnen. Demjenigen seiner Götter, der ihn *nicht* erhörte.

Dummheit macht sinnlich

Und deshalb sind wohl auch im Privatleben Gescheite und Beschränkte auf so fatale Weise füreinander programmiert. Der mit der Phantasie sucht einen, dem er dienen darf, und der Phantasielose einen, der ihm dient. Und je weniger er jenen dabei durch die eigene Verehrung um die Initiative bringt, desto ausdauernder und freudiger steht er ihm als Dienstleistungsbetrieb zur Verfügung.

Natürlich ist es schon von Vorteil, wenn ein Dummer über ein paar Attribute verfügt, die dem Gottsucher den Einstieg in die neue Religion erleichtern. Physische Attraktivität zum Beispiel ist zwar nicht Voraussetzung, doch schaden kann sie sowenig wie Bildung. Zu seinem Glück hat der Dumme ja meist wenig Bedürfnis, sich den anderen zu erklären – ein »Gott« will niemanden beeindrucken –, doch wenn er redet, sollte es aus einigermaßen anmutigem Munde kommen und nicht allzu hinterwäldlerisch klingen. Wie wir im Kapitel über Karrieristen sahen, steht die Dummheit der Aneignung von Bildung ja keinesfalls im Wege, und ein Universitätsdiplom ist hier sowieso nicht nötig.

Es ist ein verbreitetes Vorurteil, daß Dumme immer nur das Dümmste reden: Dummheit hält sich an gar keine Regel. Wegen ihrer Vorstellungskraft sind Phantasievolle gezwungen, auch im Abstrakten mehr oder weniger konsequent zu denken: Das Risiko der negativen Folgen einer bestimmten Handlung wird dadurch wenigstens etwas kleiner. Da die Phantasielosen sich nicht fürchten, haben sie auch keinen Grund, das abstrakte Denken zu trainieren. Ihre Schlußfolgerungen werden daher auch von keinerlei erkennbarer Gesetzmäßigkeit bestimmt.

Die Reaktionen des Gescheiten sind deshalb für seinesgleichen voraussehbar und kalkulierbar – er reagiert mehr oder weniger wie er selbst. Die des Dummen hingegen bleiben unergründlich, und daher ist er auch immer wieder für eine Überraschung gut. Zuweilen wird er (aus Zufall oder weil er es irgendwo gelesen hat) etwas Gescheites sagen, dann wieder (aus Veranlagung) etwas abgrundtief Blödes. Und sein Anbeter wird ersteres freudig zur Kenntnis nehmen – nein, auf den Kopf gefallen ist dieser neue Gott wahrhaftig nicht! – und letzteres großzügig überhören. Was der Angebetete in der Konversation vermissen läßt, kompensiert er schließlich durch die Art, wie er es sagt: Unsicherheit gehört ja nicht zu den Schwächen des Beschränkten. Sein gescheiter Partner, der auf dieser Welt keine, aber auch gar keine Wahrheit für endgültig hält – und daher meist auch keine »eigene Meinung« hat –, wird ihn darob bestaunen.

Falls dann zu alledem noch ein wenig Schönheit kommt, ist das Komplott perfekt. Schönheit, sagt man, gebe einen Vorsprung von vierzehn Tagen – und will uns damit bedeuten, wie unwichtig dieser Vorzug sei. Doch gerade auf diese vierzehn Tage kommt es dann unter Umständen bei der Eroberung eines intelligenten Menschen an. Wegen seiner sonstigen Eigenschaften ist ja auch die Empfänglichkeit fürs Ästhetische bei ihm ausgeprägter als bei anderen Leuten. Sobald dieses Anfangsstadium überwunden ist, wird er dann selber alles tun, um den Geliebten vor Entlarvung zu bewahren. Er braucht ja diese(n) Heilige(n) – was könnte eine Ernüchterung ihm bringen?

Wie wir im Kapitel über Reichtum sahen, muß die Paarung *Dummheit plus Schönheit* in der Praxis etwa so häufig vorkommen, wie böse Zungen dies schon immer meinten: Da schöne Menschen weniger kämpfen müssen – zum Beachtetwerden genügt meist die bloße Anwesenheit –, besteht hier auch weniger Grund zum Ausbau des geistigen Waffenarsenals. Jedenfalls ist es sehr viel wahrscheinlicher, daß ein Schöner beschränkt ist als gescheit.

Dies kann dann wiederum nicht ohne positive Auswirkung auf seine erotische Ausstrahlung bleiben. Die Fragen, die der Dumme sich schon am hellichten Tag nicht stellt, wird er sich erst recht des Nachts ersparen. Da er für das Gewaltige des Liebesakts – man kann dabei immerhin *Menschen machen* – kein Empfinden hat, bleibt er zum Zeitpunkt der tätigen Nächstenliebe genauso gelassen wie zu jedem anderen: Sex ist Sex, und auf jeden Fall kein Grund, sich aufzuregen.

Die Aufregung seines alles mystifizierenden Partners kann das logischerweise nur noch steigern. Die lustvolle Passivität, mit der sein wohlproportionierter Gott sich auch im Bett von ihm verwöhnen läßt, hat er ohnehin längst in »animalische Sinnlichkeit« umbenannt.

Dummheit macht wählerisch

Mit dieser Befangenheit des Anbeters und der Unbefangenheit des Angebeteten werden dann die Weichen für das spätere Geben und Nehmen gestellt. Es handelt sich dabei um eine Frage von Prioritäten. Natürlich will der Phantasievolle auch geliebt werden: Die Idealisierung durch den andern ist Balsam für sein schwankendes Selbstbewußtsein. Doch wichtiger ist ihm das *Liebendürfen*. Selbstverständlich wird auch der Phantasielose ein wenig verliebt sein wollen. Die erste Sorge gehört hier aber stets dem *Geliebtwerden.* Und während der mit der Vorstellungskraft schon froh ist, wenn er in der Umgebung seines Idols überhaupt geduldet wird, würde der Dumme sich nicht einmal im Traum nach jemandem sehnen, dem er selber nicht gefällt. Was könnte dabei schon herauskommen?

Dies ist dann vor allem zum Zeitpunkt der Eheschließung fatal. Die berüchtigte *Torschlußpanik* macht dem Dummen sehr viel weniger zu schaffen – gutaussehende, heterosexuelle *und* intelligente Junggesellen über dreißig gibt es häufiger im Kino als im Leben. Daß er für den Rest seiner Jahre allein bleiben könnte – den Beschränkten schreckt das nicht! Er kann daher in aller Ruhe auf einen warten, der wenigstens halbwegs seine Bedingungen erfüllt. Und da er *in aller Ruhe* wartet, erhält er dann natürlich auch das breitere Angebot. (*Wer hat, dem wird gegeben werden.*)

Ganz anders sieht es im Lager der Gescheiten aus. Hier muß schon aus purer Existenzangst der Bund fürs Leben geschlossen werden. Die Qualitäten, die der Erwählte vermissen läßt, muß man dann eben in ihn hineinprojizieren – wozu hat man seine Phantasie? Und da die anderen spüren, daß man so dringend jemanden braucht, wird logischerweise auch die Auswahl geringer sein *(Wer nicht hat ...)*

Man gestatte der Autorin, hier auf die Argumente einer von ihr erfundenen Theaterfigur zurückzugreifen: »Wenn es dann Zeit zum Heiraten ist«, belehrt der alte König Laertes seine Schwiegertochter Penelope, »sieht man sich um und merkt, daß da eigentlich nur drei oder vier Frauen zur Auswahl stehen. Die eine schielt, die zweite ist flachbrüstig, die dritte hat kurze Beine. Die vierte hat zwar auch kurze Beine, doch sie hat einen fabelhaften Busen, und sie schielt auch nicht. Das ist die, die man heiratet. Man nennt sie schön, und seine Gefühle bezeichnet man als Liebe. Aber wenn sie nicht dagewesen wäre, hätte man eben eine der drei anderen schön gefunden. Man würde also *jeden* heiraten ... Glaub mir, verlieben kann man sich erst, wenn man schon verheiratet ist. Weil man dann ja dreißig, vierzig Jahre Zeit hat, um sich jemanden auszusuchen, der einem wirklich gefällt. Und selbst dann hat man natürlich noch Glück gehabt...«[*]

Auch wenn wir nicht mehr in der Antike leben, ist dieses Auswahlverfahren zumindest beim Gescheiten nicht viel intelligenter geworden. So um die Fünfundzwanzig trifft er seine Wahl und erklärt den auf so schmalem Pfad Gefundenen zum »einzig Richtigen«. Daß er schon nach der Wahrscheinlichkeitsrechnung einen wenigstens halbwegs zu ihm Passenden erst treffen wird, wenn er schon diesen hier hat, kann und darf er nicht zur Kenntnis nehmen. Trotz aller Bedrängnis würde er sich niemals an eines jener Institute wenden, die seine Kandidatenliste multiplizieren könnten. Die erste Begegnung mit dem Gott muß »Schicksal« sein. Wie könnte man an jemanden glauben, mit dem einen der Heiratscomputer zusammenführt?

Und auch sonst wird ihm in dieser alles entscheidenden Wahlperiode der Phantasielose überlegen sein. Diesen könnte zum Beispiel die Entdeckung der Manipulierbarkeit des Partners auf keinen Fall in seinem Empfinden stören. Wenn er merkt, daß der Geliebte alles für ihn gäbe, wird er darum noch lange nicht den Respekt vor ihm verlieren: Das passiert höchstens, wenn dieser im Eifer des Eroberungsgefechts mehr versprochen hat, als er dann später halten kann. Der Dumme braucht auch niemanden, zu dem er »aufblicken« darf – in umgekehrter Richtung ist's ihm genauso lieb. Und auch wenn ihm natürlich die Schönen besser gefallen als die andern, ist seine Ästhetik nicht so dominant, daß er bei sonstigen guten Gründen nicht den weniger attraktiven Kandidaten bevorzugen kann.

Gerade in den entscheidenden Augenblicken – die private und dadurch bedingt oft auch die berufliche Zukunft stehen hier auf dem Spiel – sieht der Intelligente also *nichts* und der Dumme *alles.* Wenn der Gescheite aus seinem Rausch erwacht, ist die Tür meist zugefallen. Und dennoch ist es dann vielleicht sogar angenehmer, wenn er sich im Haus eines Dummen befindet als bei seinesgleichen. Denn sobald man selbst nicht mehr liebt – und

---

[*] Esther Vilar: Liebeslied für einen ruhelosen Mann. Basel 1985

trotzdem nicht fort kann –, ist es besser, man ist an jemanden gekettet, der auch seinerseits keine Leidenschaft empfindet.

Das Rätsel der guten Ehe (Dummheit macht tolerant)

Treue als *Tugend* kann es logischerweise erst nach Beendigung einer Leidenschaft geben. Wer liebt, ist gern und freiwillig treu. Wenn einer sagt, er habe seinen Partner betrogen, *obwohl* er ihn liebte, wird es sich in der Regel um einen Beschränkten handeln, der es ganz und gar ehrlich meint. Das dumpfe Wohlbehagen, das er in seinem Stall empfindet, ist ja tatsächlich schon die ganze Leidenschaft, deren er fähig ist.

Ob Dummheit treu macht, hängt wohl in erster Linie von der Stärke des jeweiligen Sexualtriebs ab. Einerseits muß dem Beschränkten die Untreue erheblich leichter fallen: Da er nicht wirklich liebt, hat er auch kein Bedürfnis, den andern zum Exklusivgott zu stilisieren. Andererseits muß er sich aber auch nicht beweisen, daß er noch anderen Männern oder Frauen gefällt – am Wert der eigenen Person hat er ja nicht gezweifelt. Solange in der Gemeinschaft sonst alles nach Plan verläuft, wird er sich nur in Ausnahmesituationen – und dann möglichst anspruchslose – Alternativen suchen. Der dumme Mann ist deshalb wohl der geborene Bordellbesucher – erstens wird ihn weder seine eigene noch die für die Frau damit verbundene Erniedrigung stören, zweitens will er sich auf keinen Fall durch ein »Abenteuer« das »Leben« komplizieren. Denn er wird zumindest ahnen, wie sehr eine solche Entdeckung das Gleichgewicht seines Hausgenossen durcheinanderbrächte.

Denn auch die *Eifersucht* ist ja leider eine Spezialität der Phantasiebegabten. Der Akt, mit dem man Menschen macht, steht auf seiner Wertskala – könnte es anders sein? – an oberster Stelle. Wenn man ihm sagt, es gebe in einer Liebe Wichtigeres als das Sexuelle, fällt ihm nichts Wichtigeres ein: Alles andere könnte er ja auch in einer Freundschaft finden, und Liebe und Freundschaft sind, zumindest für ihn, keine identischen Begriffe. Außerdem ist es bei ihm ja auch um das Selbstwertgefühl weniger gut bestellt: Wie könnte jemand, der fähig ist, die eigenen Schwächen zu erkennen (ein Intelligenter), sich *nicht* vor einem Rivalen fürchten? Wenn jemand mit seinem Mangel an Eifersucht renommiert, ist er entweder nicht verliebt, oder er ist zu dumm, um eifersüchtig zu sein.

Auch wenn die Beschränktheit des Angebeteten dem Anbeter also nicht immer die Qualen der Eifersucht erspart – nach Beendigung seiner eigenen Leidenschaft ist sie von unschätzbarem Vorteil. Die Maßstäbe des dummen Partners werden ja mehr oder weniger die gleichen bleiben: Seine Begeisterung für den Anbeter ist direkt proportional zur Sicherheit, zum Status und Komfort, die die Verbindung ihm gewährt. Solange die übrigen Vertragsbedingungen erfüllt werden, ist das Abebben der ehelichen Leidenschaft für ihn kein Grund, sich zu verändern. Vielleicht ist er sogar entzückt, daß man ihn nun ruhig schlafen läßt.

Für den Gescheiten, der nun fort möchte, aber nicht kann, wird dieser Mangel an Emotionen das Los erleichtern. Denn nun beginnt die Zeit, in der man nicht mehr aus Liebe, sondern aus Tugend treu sein muß. Das Glück der Kinder hängt ja davon ab, daß die Familie erhalten bleibt. Und natürlich geht dies leichter, wenn der andere die innere Abwendung nicht als verletzend empfindet und in häuslichen Szenen kommentiert oder dem Partner beweisen will, daß er – für dritte – trotz allem anbetungswürdig geblieben ist.

Und falls der Phantasievolle eines Tages dann unter der übergroßen Pflicht zur Treue doch noch zusammenbricht und wider jeden guten Vorsatz zu einem Neuen betet, ist auch dies für die Schutzbefohlenen weniger tragisch, als wenn der »Betrogene« den »Betrüger« weiter liebt. Je oberflächlicher die Wunde, je geringer der Verlust des Selbstwertgefühls, desto einfacher das Verzeihen. Da ein Dummer weniger Schmerz empfindet, fällt es ihm auch leichter, in solchen Situationen »Toleranz« zu zeigen.

Dank seines Mangels an Phantasie kann er gar nicht in gleichem Maße leiden: Er muß sich nicht dauernd vorstellen, was sein Geliebter in diesem Augenblick mit jenem anderen machen könnte. Nur wenn er feststellt, daß er ihm teure Geschenke macht, treibt es ihn auf die Barrikaden. Daß dies alles »nur Sex« sei, ist aber auch hier noch Erklärung genug – gibt es für einen Dummen doch Aufregenderes, als mit einer fremden Person im Bett herumzuliegen. Der tödliche Fehler des Zeigens von Eifersucht – mit dem man nichts erreicht außer diesem einen: daß beim Partner das schlechte Gewissen noch größer wird und ihn seine Sünde entsprechend mehr erregt – wird vom Dummen nicht begangen. Irgendwann, das weiß er, kommt der Liebste ohnehin wieder – schließlich sind seine Kinder als Geiseln bei ihm zurückgeblieben.

Und meist kommt er ja auch: wegen der Kinder oder weil der neue Gott dann eben doch wieder nicht die große Alternative war, nach der er sich verzehrte. Falls sich dies dann im Lauf des Lebens häufiger wiederholt, kann es nicht ausbleiben, daß die »Großzügigkeit«, mit der der Gatte immer wieder bereit ist, diese »Eskapaden« zu verzeihen – wie hätte er selbst hier reagiert! –, eine zweite, wenn auch sehr viel schwächere Art der Bewunderung in ihm entfacht: Wie sehr muß dieser Mann (diese Frau) ihn lieben, daß er (sie) ihm trotz allem die Treue hält! Welch unverdientes Glück hat er da gehabt!

Dank seiner göttlichen Gleichgültigkeit kann ein Beschränkter einen Gescheiten also sogar dann noch betören, wenn dessen Liebe verflogen ist. Und so nach dreißig, vierzig Jahren beginnt dann vielleicht tatsächlich die »gute Ehe«, von der man anfangs sprach. Mit dem Nachlassen der sexuellen Potenz fällt es Don Juan von Mal zu Mal schwerer, sein Glück bei fremden Göttinnen zu suchen. Mit dem Abnehmen der sexuellen Attraktivität kehrt Doña Juana – das Sprichwort *Junge Huren, alte Betschwestern* bewahrheitend – zur einen oder anderen Kollektivreligion zurück.

Und so liegen dann schließlich zwei Menschen, die sich seit Jahrzehnten nicht mehr in den Armen lagen, für den Rest der Ewigkeit nebeneinander unter der Erde. Ja, ihre Eltern hätten eigentlich eine recht glückliche Ehe geführt, werden die Kinder sagen, an Streitereien erinnere man sich kaum.

Das Geheimnis der harmonischen Scheidung
(Dummheit macht vernünftig)

Zuweilen ist jedoch die neue Religion, die einer anderswo findet, so übermächtig, daß ihn nichts, nicht einmal das Glück seiner Schutzbefohlenen vor dem Ausbruch abhalten kann. Das geschieht aber relativ selten: Wenn man bedenkt, wie wenig Chancen die lebenslange *gegenseitige* Liebe hat, wie viele tote Seelen da notgedrungen beieinander hausen (wer kennt schon mehr als ein, zwei wirklich glückliche Paare?), ist es weniger erstaunlich, daß so viele Ehen geschieden werden, als daß so viele halten.

Denn trotz aller öffentlichen Entrüstung sind die Scheidungsziffern ja nicht wirklich inflationär. Wie man weiß, hat die Zeit, »bis daß der Tod uns scheidet«, im letzten Jahrhundert im Durchschnitt nur fünfzehn Jahre gedauert – die Menschen starben an Seuchen, im Kindbett oder auf dem Schlachtfeld. Bei der jetzigen Lebenserwartung kann ein solcher Schwur für ein Paar unter Umständen ein halbes Jahrhundert bedeuten. Und es ist schon ein Unterschied, ob man einem Dreißig- oder einem Siebzigjährigen treu zu sein hat.

Nicht Ehen und Scheidungen von Dummen stehen hier zur Debatte. Soweit es die Ehe betrifft, ist die zwischen zwei Beschränkten wohl einerseits *harmonischer* (da es keine Illusion gab, gibt es auch keine Desillusionierung), andrerseits aber auch *weniger komfortabel* (da hier keiner dienen will, wird man sich die Pflichten teilen müssen). Wenn es zur Scheidung kommt, hat in der Regel einer der beiden ein besseres Angebot erhalten und ist somit in der Lage, den anderen auszuzahlen. Falls sich beide verschlechtern würden, blieben sie lieber beieinander ... Doch werden die Ängste ihrer Kinder die beiden Dummen nicht vom Handeln abhalten – sie stellen sie sich nicht vor. Und dank der pragmatischen Einstellung beider Eltern werden diese Kinder dann auch tatsächlich weniger zu leiden haben. Bei einer Scheidung zwischen Beschränkten gibt es weniger Szenen und vor allem weniger Geiseldramen. Sobald das Praktische geregelt ist, geht man mehr oder weniger gleichgültig auseinander, und schon darum wird die Brücke zu den Kindern von beiden Seiten begehbar bleiben.

Man kann daher nur ahnen, was für ein Unterschied es für einen intelligenten Menschen ist, ob er sich von seinesgleichen oder von einem Dummen trennen will. Denn falls der phantasievolle Partner den Abtrünnigen noch liebt, wird ihn die Entdeckung von dessen Religionswechsel in einen dermaßen tiefen Abgrund stürzen, daß er sich nur auf eine von drei Arten zu helfen weiß:

Freitod: Das Entsetzen über den Verlust des Angebeteten ist so groß, daß ihm im Augenblick sogar das Glück der Kinder gleichgültig ist. Diese werden dem überlebenden Elternteil nie verzeihen, und auch dieser selbst vergibt sich nicht.

Sofortige Trennung: Der Schmerz erlaubt es nicht, die Gegenwart des anderen auch nur eine Minute länger zu ertragen. Auch wenn hier beide Elternteile am Leben bleiben, wird den Kindern ein so plötzlicher Verlust des einen zugemutet, daß sich der Verursacher für immer schuldig fühlt. Falls sein Verhältnis entdeckt wurde, ehe er selbst zu einer Entscheidung kam, kann er nun trotzdem nicht bleiben. Und wenn er dann eines Tages zurückkehren darf – der andere liebt ihn ja noch –, muß er für den Rest seiner Tage mit einer Art »offenem Strafvollzug« rechnen, in dem Überwachung und Kontrollen an der Tagesordnung sind. Auch das Vertrauen der Schutzbefohlenen bleibt erschüttert.

Erpressung: Nach dem Schock der Entdeckung beginnt der »betrogene« Partner, um den »Betrüger« zu kämpfen. Und wenn er dann feststellt, wie aussichtslos dies mit den Waffen der Liebe ist, wird er oft zum übrigen Arsenal greifen. Die Drohung mit Selbstmord, der Entzug der Kinder, das Ausplaudern von Intimkenntnissen sind nur die harmlosen Vorstufen dieses schmutzigen Krieges. Wenn die Strategie mißlingt und der andere trotzdem geht, bleibt ihm die frühere Welt – samt Kindern, Freunden, Bekannten – für immer verschlossen. Wenn die Erpressung erfolgreich ist und er dableibt, hat der, der ihn zurückhielt, den höchsten aller Preise bezahlt. Nie mehr wird der Gefangene auch nur einen Anflug von Zärtlichkeit für den Wärter empfinden: Dieser hätte ihn genausogut umbringen können.

Angesichts dieser Alternativen muß die Trennung von einem Beschränkten geradezu ein Vergnügen sein. Nach der Entlarvung des Täters wird er zunächst einmal in aller Ruhe abwarten, wie es nun weitergeht, und wie bereits angedeutet, arbeitet die Zeit hier wohl eher zu seinen Gunsten. Und falls dann die Trennung tatsächlich nicht aufzuhalten ist, wird er sich, sobald das Materielle zu seiner Zufriedenheit geregelt wurde (und natürlich hat er auch hier die stärkeren Nerven), mit seinem Schicksal abzufinden wissen.

Da er den andern nicht so grenzenlos liebte, wird er ihn nun auch nicht besonders hassen können. Da er sich weniger vor der Einsamkeit fürchtet, macht es ihm auch weniger aus, allein zu bleiben – noch hat er ja die Kinder, und später wird er dann weitersehen... Wenn der Flüchtige mit dem nächsten Gott nicht noch weitere Menschen erschafft, kommt er eines Tages vielleicht sogar wieder. Und anders als beim Intelligenten kann dies hier in aller Harmonie geschehen. Keiner wurde tödlich verwundet, und auch der Kontakt zu den Kindern ist nicht unterbrochen worden.

Mit anderen Worten: Harmonische Scheidungen kann es nur geben, wenn es sich zumindest bei einem der beiden Partner um einen Beschränkten handelt und der Intelligente derjenige war, der weg wollte. Falls zwei intelligente Personen nach ihrer Scheidung gern und freiwillig miteinander verkehren, kann das nur heißen, daß sie sich schon bei der Heirat nicht besonders leidenschaftlich liebten und etwa aus Rücksicht auf einen Dritten zur Legalisierung veranlaßt wurden.

Das Glück beim Menschenmachen
(Dummheit macht fortpflanzungsfreudig)

Der Intelligente kann, wie gesagt, nur im Zustand der verminderten Zurechnungsfähigkeit Kinder zeugen: solange er seinem Geliebten dermaßen verfallen ist, daß er nur an ihn denkt und nicht an den neuen Menschen, der hier zustande kommt. Nach Beendigung seines Rausches will er keine Nachkommen mehr – und dank der modernen Möglichkeiten bekommt er auch keine. Denn erstens würden sie ihn ja an jemanden ketten, von dem er jetzt nur noch fort will. Zweitens fehlt ihm die zum Herstellen von Kopien unerläßliche Zufriedenheit mit dem Original: Schon daß es ihn *einmal* gibt, empfindet er als Zumutung für die andern.

Drittens würden Kinder seine Ängste nur noch steigern: Wenn er den neuen Menschen im Vollbesitz seiner Urteilsfähigkeit kreiert, gibt es später keine mildernden Umstände. Was ist, wenn sein Kind mit einer unheilbaren Krankheit geboren wird? Was passiert, wenn er seine Arbeit verliert und es nicht mehr ernähren kann? Wie soll er seinem Sohn oder seiner Tochter später einmal sagen, daß er (sie) an die Front muß?

»Phantasie ist ein Göttergeschenk«, hat Christian Morgenstern gesagt, »Mangel an Phantasie aber auch. Ich behaupte, ohne diesen Mangel würde die Menschheit den Mut zum Weiterexistieren längst verloren haben.« Doch wenn dem Phantasiebegabten die Entscheidung fürs Kinderkriegen schon früher unsagbar schwer gefallen ist – heute ist sie ihm so gut wie unmöglich. Wie käme er dazu, einer Welt, die unter ihrer Bevölkerung zusammenbricht, ein weiteres Leben aufzubürden? Warum sollte er einer Gesellschaft, die ihren Boden, ihr Wasser, ihre Atemluft zerstört, einen essenden, trinkenden Aerobier erschaffen? Wie könnte er einer Obrigkeit, die ihn so selbstbewußt gen Hölle regiert, noch eine arme Seele fürs Fegefeuer liefern?

Für ihn, den Phantasievollen, Sensiblen, ist Schwangerschaftsabbruch fast schon das Gegenteil von Sünde, findet er es doch hundertmal weniger verwerflich, ein befruchtetes Ei zu vernichten, als ein Kind seinem von Tag zu Tag wahrscheinlicher werdenden Strahlentod auszuliefern. Die Argumente der Abtreibungsgegner werden ihm nach jeder Hiobsbotschaft noch etwas befremdlicher. Und es wundert ihn nicht, daß sie selten identisch sind mit jenen, die gegen Rüstung und Kernkraft auf die Barrikaden gehen.

Natürlich weiß er, daß, falls die Erde wider alle Logik nun doch noch ein paar Jahrzehnte bewohnbar bliebe, ein mehr oder weniger einsames Alter auf ihn wartet. Doch obwohl ihn auch das erschreckt, sieht er darin kein Alibi für hausgemachte Gesellschaft. Und natürlich weiß er, daß er dank seiner Entscheidung einen eventuell bereits vorhandenen Menschen zu einer mehr oder weniger einsamen Kindheit verurteilt hat. Er würde ihm auch Geschwister *adoptieren* – es gibt ja wahrhaftig genug schwarze, braune und gelbe Kinder, die phantasiebegabte Eltern brauchen könnten. Doch die Mafia der Dummen hat auch hier dafür gesorgt, daß das Freundlichere ungeschehen bleibt. Zum einen würde man ein solches Kind kaum zu ihm ausreisen lassen, zum andern hätte es nicht viel Gutes zu erwarten.

Wegen ihres Mangels an Vorstellungskraft wird die Mehrheit ja immer auf einer Umgebung bestehen, in der alle aussehen wie sie selber: In Andersfarbige können sie sich noch weniger hineindenken als in ihresgleichen. Und darum sind die Regierenden gerade in den reichsten Regionen dieser Welt – wo es am einfachsten ist, die eigene Reproduktion zu hintertreiben – auf die Herstellung von Menschen, die ihren Wählern ähnlich sehen, dermaßen versessen, daß sie dafür sogar schon Geldprämien bieten. Wenn die fremdartigen Hungerleider den sehr geehrten Wähler dann eines absehbaren Tages überfallen, möchte dieser genügend Gleichartige haben, um sie in die Flucht zu treiben. Für das Sattwerden dieser unheimlichen Gesellen werden Dumme freiwillig ja immer erst dann bezahlen, wenn sie selber genug haben. Und wie man weiß, kriegen sie selber nie genug.

Doch während der Intelligente beim Menschenmachen immer größere Bedenken hat, bleibt der Dumme auch hier souverän. Man solle sich doch nur einmal umsehen: Geht es einem nicht von Tag zu Tag besser? Natürlich ist es auch in dieser Abteilung des Privatlebens am einfachsten, wenn beide Partner phantasielos sind. Die Vor- und Nachteile des Kinderkriegens werden in aller Ruhe abgewogen. Oft weiß man sogar schon vor dem Kennenlernen des anderen Elternteils, wie viele Menschen man von ihm haben will. Und dank des Eifers unserer Wissenschaftler wird man sich nun demnächst auch über ihr Geschlecht im klaren sein.

Dabei ist es aber durchaus möglich, daß auch der Dumme sich gegen das Kinderkriegen entscheidet – *Kinderlosigkeit ist kein Intelligenzbeweis.* Im Gegensatz zum Phantasievollen macht ihm die Einsamkeit ja keine allzu großen Sorgen – eine gute Familienserie im Fernsehen wird ihm unter Umständen so lieb sein wie Familie. Für das Poetische fehlt ihm sowieso die Ader: Da neue Menschen alles mit neuen Augen sehen, holt man sich mit einem kleinen Kind stets auch einen Dichter ins Haus. So mancher Dumme möchte jedoch lieber eine Industriekarriere als einen Hauspoeten.

Andererseits ist es auch möglich, daß er sich trotz der Lust auf die Karriere ganz bewußt – und zuweilen sogar unabhängig davon, ob er dafür überhaupt einen Kompagnon gefunden hat – für das Kind, zuweilen sogar für viele Kinder entscheidet. Gerade phantasielosen Männern und Frauen macht es wenig aus, die von ihnen in Auftrag gegebenen Bürger dann gleich nach der Lieferung einem Fremden anzuvertrauen. Die Gedankengänge des Beschränkten sind ja auch auf diesem Gebiet nicht mit Logik zu erklären: Unter Umständen gibt es ihm mehr, einer Sekretärin die Geschäftspost zu diktieren, als dem zur eigenen Freude hergestellten Menschen seine ersten Sätze vorzusagen.

Und wer weiß, wozu Kinder später einmal gut sind? Zum Beispiel könnte die Rentenversicherung zusammenbrechen – da braucht man dann natürlich Blutsverwandte! Vielleicht sind ausgerechnet dann, wenn man selber einmal krank wird, die Hospitäler überfüllt? Möglicherweise braucht man – Gott behüte! – jemanden zum Rollstuhlschieben?

Und ist es nicht schön, daß etwas von einem hier auf Erden übrigbleibt ...? Was den Phantasievollen so geniert – den Mitmenschen Kopien seiner selbst aufzudrängen –, hat für den Dummen nur Positives. Auf diese Weise hat er dann ja gleich auf beiden Ebenen vorgesorgt: Wenn er eines fernen Tages von der neuen auf die alte Heimat herunterblickt, werden hier Leute wandeln, die wenigstens ein paar seiner unwiderstehlichen Eigenschaften besitzen: seinen Silberblick, seinen Spreizfuß, seine Fistelstimme ... »In seinen Kindern weiterleben« nennt er diesen Phänomen. Und ist es nicht herrlich eingerichtet?

Bis es soweit ist, sind ihm die Kinder jedoch höchstpersönlich zum Dankbarsein verpflichtet: Schließlich hat er ihnen »das Leben geschenkt« und »seine besten Jahre geopfert«. Und je phantasievoller und sensibler ihm die Nachfahren geraten (da Dummheit nicht erblich ist, kann die der Eltern nicht automatisch die der Kinder garantieren), desto schlechter ist ihr Gewissen, wenn sie ihm dann als Erwachsene nicht zur Verfügung stehen. Jedenfalls werden nur wenige die nüchterne Perspektive jenes Mannes haben, der die Leserinnen einer französischen Frauenzeitschrift fragte, was er denn um Himmels willen mit einer Mutter zu schaffen habe, die seinem Vater vor fünfzig Jahren einmal gefallen hat.

Und selbstverständlich wird auch das mit dem Menschenmachen in der Mischehe wieder komplizierter. Wo sich Dumme mit Intelligenten paaren, können auch nach Abklingen der Leidenschaft noch weitere Kinder geboren werden – ausschlaggebend sind hier die Vorstellungen des Beschränkten. Am einfachsten ist es wohl, wenn es sich dabei um den weiblichen Partner handelt. Als Eigentümer der Reproduktionsmittel macht er wie jeder andere Besitzende auch von seinem Monopol Gebrauch und fertigt seine Produkte in dem Tempo und der Stückzahl, die ihm selber passen. Allenfalls fügt er hinzu, daß er diese Kinder *unbedingt* brauche, weil er sich sonst – »als Frau« – *unerfüllt* vorkomme.

Falls der Mann der Beschränkte ist, muß er schon ein wenig umständlicher argumentieren. Doch erstens kann er für den Fall der Nichterfüllung seines berechtigten Anspruchs mit Partnerwechsel drohen – wenn er ihn anständig bezahlen kann, gibt es ja immer einen Dummen, der ihm »ein Kind schenkt«. Zweitens wird auch hier seine Selbstsicherheit ihren Eindruck auf den Intelligenten nicht verfehlen. Falls er nur dumm genug ist, kann sogar ein Waffenfabrikant überzeugend fürs Kinderkriegen plädieren. Er kann zum Beispiel sagen, daß er schon darum mehrere Erben brauche, weil sonst »die ganze Plackerei keinen Sinn« für ihn habe: Was ist, wenn er den einzigen Sohn im Krieg verliert?

Doch falls es ihm und seinen Kollegen trotz aller unternehmerischer Dynamik mißlingen sollte, den *ganzen* Globus in die Luft zu jagen, wird der intelligente Partner ihm im Alter dann vielleicht sogar irgendwie dankbar sein. Gerade er ist ja auf Gesellschaft angewiesen – kein Haustier, keine Fernsehserie ersetzt ihm das Vergnügen des Live-Verkehrs mit Menschen. Und dank der Dummheit seines Partners und einiger weiterer Kollaborateure hat er nun an seinem Achtzigsten ein gutes Dutzend Enkel an der Tafel sitzen. Daß er das noch erleben durfte!

Alle Macht der Phantasielosigkeit
(Dummheit ist gesund)

Und selbstverständlich muß sich all diese Dummheit im Privaten mit der im Öffentlichen dann auf das herrlichste abstützen und komplementieren. Das Vorhandensein des sogenannten kleinen Glücks (krisenfeste Liebe, stabile Ehe, geregeltes Familienleben, wohlerzogene Kinder) ist ja tatsächlich Voraussetzung für das Erreichen des sogenannten großen (Status, Wohlstand, Karriere). Die Phantasielosigkeit mit der einer seine Menschen macht, wird dem Phantasielosen, der ihn zu befördern hat, ein Beweis berechtigten Selbstvertrauens sein: Er, der Erfolgreiche, hat ja seinerzeit ganz ähnlich gehandelt.

Auch darum wird sich der mit der Karrieresehnsucht gern vermehren, auch darum geht er trotz manchen »Abenteuers« ungern zum Scheidungsrichter. Und darum gibt er auch – gleichgültig, in welchem Stadium der Zersetzung seine Liebe sich befindet – kein Interview ohne den goldenen Ehering. »Verantwortung tragen« ist die Lieblingsbeschäftigung des Beschränkten – jeder soll die Qualitätsplakette sehen und spüren, daß er sich da noch längst nicht »ausgelastet« fühlt.

Die Vermutung, daß Dumme den Intelligenten auch noch an Gesundheit überlegen sind, wäre, obwohl naheliegend, bis vor kurzem Spekulation gewesen. Doch seit am renommierten College of Medicine der Universität Harrisburg, Pennsylvania, der Intelligenzforscher Siegfried Streufert auf die Idee kam, bei einer Reihenuntersuchung von Managern deren Gesundheitszustand in Relation zu ihrer Intelligenz zu setzen, gibt es auch hierfür konkrete Anhaltspunkte. Hat man dabei doch festgestellt, daß die Gescheiten unter den Untersuchten ungleich häufiger an Erkrankungen des Herzens und der Herzkranzgefäße, des Magens und des Darmes litten als ihre dümmeren Kollegen.

Und sicher ließe sich diese erhöhte Anfälligkeit auch auf andere Krankheitsbilder erweitern. Zum Beispiel müssen Schlafstörungen, gesteigerte Angstzustände, exogene Depressionen – mit ihren Folgen Alkohol- und Medikamentenabhängigkeit – eher die Begleiter jener sein, die trotz einer hohen Intelligenz große Verantwortung übernehmen und nun logischerweise auch die Folgen von Fehlentscheidungen fürchten. Falls also auch einmal ein Intelligenter auf einen hohen Posten befördert wird – die Reaktionen der Dummen sind ja, wie gesagt, nie ganz voraussehbar –, ist seine Zeit auf dem Gipfel schon aus Gesundheitsgründen limitiert: Früher oder später streckt ihn ein Magendurchbruch oder ein Herzinfarkt danieder. Wer einen Minister sich seines gesunden Schlafes rühmen hört, sollte beten, daß es sich nur um Public Relations handelt und nicht um das Wahrscheinliche.

Am Rande sei hier erwähnt, daß das gleiche wissenschaftliche Institut von der US-Army den Auftrag erhielt, herauszufinden, weshalb es unter ihren hohen Offizieren so viele Dummköpfe gebe. »Daraufhin«, sagt Streufert, »haben wir in unserem Laboratorium eine große Zahl von Militärs untersucht, und zwar ganz einfache Soldaten ebenso wie sehr hohe Offiziere. Wir stießen auf die überraschende Tatsache, daß die Intelligenz, die oben in der Armee so schmerzlich fehlte, unten durchaus vorhanden ist ...« Die meisten Intelligenten aber blieben im Kampf um die allerersten Beförderungen hoffnungslos auf der Strecke. Jene hingegen, die nichts hören und nichts sehen, stiegen stur und unbeirrt empor – bis in die höchsten Kommandostellen über Leben und Tod. Dennoch hält der Wissenschaftler es für ein Zeichen von Intelligenz, daß die Armee der Vereinigten Staaten überhaupt auf die Idee kam, sich auf ihre Dummheit untersuchen zu lassen: »Andere Berufe sind sich selbst gegenüber viel blinder. Und somit dümmer.« Eines der größeren Dummheitsreservate vermutet er zum Beispiel bei den Universitätsprofessoren.

Dumme könnten auch ohne Liebe existieren

Es ist also in der Liebe wie in den anderen Bereichen: Der Phantasielose kann letzten Endes immer nur gewinnen, der Phantasievolle muß immer der Verlierer sein. Und ändern läßt sich auch in diesem Fall nichts. Dank seiner vielfältigen Ängste bleibt der Intelligente trotz allen ketzerischen Denkens stets in der einen oder anderen Form zur Religiosität verdammt. Der Mut eines phantasiebegabten Menschen würde nicht darin bestehen, für »etwas Höheres« zu sterben, sondern ohne eine solch fixe Idee am Leben zu bleiben. Das Kunststück des Atheismus ist aber leider die Domäne derer, denen es sowieso nichts ausmachen würde, an einen Gott zu glauben. Frei *und* glücklich können – *in der Regel* – nur Beschränkte sein. Der Intelligente *muß* seinen Nächsten mehr lieben als sich selbst, ob es ihm nun paßt oder nicht.

Natürlich könnte man gerade in der Liebe diese Wertskala auch auf den Kopf stellen und behaupten, daß immer der Dumme der Verlierer ist: Vom Glück dieser alles verzehrenden Leidenschaft, die sein Anbeter für ihn empfindet, wird er, der »Göttliche«, wohl niemals etwas spüren. Doch er vermißt ja nichts.

Das Wort Liebe hat er längst seinem Komfortbedürfnis angepaßt. »Wahrhaft lieben« bedeutet ihm »immer für den anderen dasein« – die Tugend einer guten Kranken- und Altersversicherung also, bestenfalls die der Freundschaft. Souverän auch hier, bezeichnet er das wunderliche Verhalten des Phantasievollen als »Hörigkeit«.

Und falls dieser ihn eines Tages trotzdem entlarvt und wegen eines anderen verläßt – es gibt ja noch mehr Dumme auf dieser Welt –, bringt auch das keine Gerechtigkeit. Da der Phantasielose ihn nicht wirklich liebte, kann er nun auch nicht wirklich leiden. Dummheit – vor allem, wenn sie sich mit Schönheit paart – macht nicht nur geheimnisvoll und begehrenswert, sie macht auch unverletzbar.

Das einzig Tröstliche ist, daß man sich vor einem Dummen auch nicht blamieren kann. Wenn es dann vorbei ist und man allmählich merkt, *wen* man da angebetet hat, geniert man sich nicht vor ihm, sondern vor sich selber. Soll man sich bei einem Farbenblinden dafür entschuldigen, daß man ihn in Rosa sah?

»Wenn man bedenkt, daß ich Jahre meines Lebens vergeudete, daß ich sterben wollte, daß ich meine allergrößte Liebe empfand für eine Frau, die mir nicht gefiel, die nicht einmal mein Typ war«, läßt Marcel Proust seinen Helden am Ende des Romans ›Eine Liebe von Swann‹ sinnieren. Dabei hatte dieser Swann noch Glück. Seine »Hörigkeit« hätte ja anstatt vier auch zehn Jahre dauern können. Noch glücklicher wäre er dran gewesen, wenn er wie Gatsby die Beschränktheit seiner Angebeteten überhaupt nie erkannt hätte und er aus dem Rausch seiner Mesalliance gar nicht erst erwacht wäre.

IV Dummheit & Kunst

> Lieber Gott, wolltest Du die Giraffe so,
> oder war das ein Unfall?
> (Norma, Children's Letters to God)

Le poète doit être un peu bête

Wer hin und wieder eine Kunstausstellung besucht, wird sich zuweilen auch fragen, warum er die wirklich großen Meister bald schon auf den ersten Blick wiedererkennt. Warum ein Miró, ein Turner, ein Rothko oder ein Botero ein Leben lang so tun oder taten, als sei die Welt prinzipiell nicht anders wiederzugeben als in Strichen und Punkten, verwischten Konturen, breiten Balken, übergewichtigen Figuren? Warum ließ Henry Moore bis ins hohe Alter die ewig ähnlichen Sitzenden und Liegenden in Bronze gießen? Warum macht George Segal noch immer seine Gipsleute?

Wer gern Bücher liest oder ins Theater geht, wird sich vielleicht auch fragen, warum er so genau voraussagen kann, was er von seinem Lieblingsautor zu erwarten hat: eine Klage über die menschliche Einsamkeit, einen heiteren Eheroman, einen melancholischen Gedichtband, ein kühles Sachbuch, eine Komödie, bei der er Tränen lachen wird, oder eine Tragödie, bei der er sie weinen darf. Kann ein Schriftsteller die menschliche Existenz nur auf eine ganz bestimmte Weise erfahren, die alle andern ausschließt? Besteht sein eigenes Leben nicht aus Angst und Freude, Fühlen und Denken, Betrieb und Einsamkeit? »Jeder Künstler ist mehrere Personen«, hat Somerset Maugham in seiner Prachtvilla auf dem Cap Ferrat notiert. Doch dann schrieb auch er so, als stecke in ihm nur diese eine.

Und auch Musikliebhaber, die »ihren« Komponisten oder »ihre« Gruppe schon beim ersten Takt erkennen, überlegen sicher zuweilen, wie das denn möglich sei: Warum hat Bach nichts Unausgewogenes, Mozart nichts Deprimierendes komponiert? Warum hat Wagner keine Epochen künstlerischer Bescheidenheit, ist Chopin nie der Versuchung der Megalomanie erlegen?

Warum tragen gerade sie, die Symbolfiguren menschlichen Eigenwillens, ihre selbstgeschneiderten Korsetts mit soviel Unterwürfigkeit? Warum wollen sie ihr Werk nicht von Zeit zu Zeit durch irgendein gigantisches Experiment

– sei es auf eigenem Gebiet, sei es auf ganz neuem – wieder einmal von Grund auf in Frage stellen?

Verfügt jeder Künstler nur über eine einzige Möglichkeit, sich auszudrücken, der er wie seiner Handschrift bis zum Lebensende ausgeliefert bleibt?

Ist auf dem Terrain der Kunst vielleicht gerade eine gewisse Einseitigkeit – *Beschränktheit* – der Phantasie das Geheimnis überdurchschnittlicher Leistung? »Der Dichter muß ein bißchen dumm sein«, hat Charles Baudelaire deklariert. Und sicher wollte er damit sagen, daß zuviel Klarsicht die kreative Leistung nur erschweren kann, weil einem bei jeder der ewigen Wahrheiten, die man seinen Lesern mitteilen will, immer auch gleich das Gegenargument über die Schulter blinzelt. Was natürlich auch für den Essayisten gilt: Einem wirklich phantasievollen, sensiblen Autor würde es zum Beispiel äußerst schwerfallen, ein in sich schlüssiges, den Leser überzeugendes Buch über die verheerende Wirkung der Dummheit zu schreiben. Schon bei der Definition käme er in Schwierigkeiten: *Was ist Dummheit?* Das müßte doch einer bestimmen, der intelligenter ist als er. Und woran würde man den erkennen: *Was ist Intelligenz?*

Oder sollte Baudelaire gemeint haben, daß ein Künstler nach Eintreten des Erfolgs seine Phantasie bewußt drosseln sollte, um von nun an in schicklichen Varianten jene sofort erkennbare Qualität zu produzieren, die seine Mäzene, Händler, Sammler, Leser, Plattenkäufer von ihm erwarten: *A new opera by Verdi, a new mobile by Calder, a new novel by Updike, a new album by The Stones?*

Wird die Leistung eines Kunstschaffenden, sei er nun Bildhauer oder Komponist, Filmemacher oder Romancier, von dem Moment an, wo er laut öffentlicher Meinung »seinen« Stil gefunden hat – den nämlich, der sich vermarkten läßt –, von jenen bestimmt, ohne deren Geld er entweder nicht leben *kann* oder nicht mehr leben *will?*

Bestimmt das Heer der Mitläufer den Grad an Phantasie, den einer auf dieser Welt entwickeln darf? Blockiert die Masse der Kunstkäufer durch ihr ökonomisches Veto die stetige Verfeinerung der Sensibilität? Ist das, was sich in der Kunstwelt durchsetzt, vielleicht nur die untere Grenze dessen, was möglich wäre? Gehen – entgegen der landläufigen Meinung, daß wirklich große Kunst früher oder später ihre Anerkennung findet – gerade die grandiosesten künstlerischen Leistungen mangels Erkenntnisfähigkeit des zahlenden Publikums regelmäßig unter? Und sind die, die uns erhalten bleiben, im Grunde nur irgendeinem glücklichen Zufall zu verdanken?

Kurz: Wird die ganze heilige Kunstszenerie – die vergangene, die gegenwärtige und die der Zukunft – *zwangsläufig* von der Dummheit regiert? Und wer wären die Leute, die hier das Neue so konstant verhindern: die Mäzene, die Sammler, die Galeristen, die Museumsdirektoren, die Produzenten, die Filmverleiher, die Interpreten, die Plattenfirmen, die Musik-, Literatur- und Theateragenten, die Kritiker, die Verleger, die Lektoren, die Intendanten, die Regisseure, die Dramaturgen, das Publikum – oder gar die, die das Kunstwerk zu erschaffen hätten?

Amadeus

Falls unsere Geldaristokratie im großen und ganzen so ist, wie sie hier beschrieben wurde – und leider spricht wenig dagegen –, muß man sich doch mit einiger Verwunderung fragen, weshalb gerade sie sich so ausgiebig mit Kunst befaßt. Was hat ein phantasieloser, unsensibler Mensch auf den Musikfestspielen von Salzburg oder Edinburgh zu schaffen? Was sucht und findet er bei Met-Premieren? Was lockt ihn zur Vernissage eines noch fast unbekannten Avantgardisten? Gerade er, der Geldmensch, könnte es sich doch leisten, alles »Anspruchsvolle«, alles, was *Hineindenken* und *Nachfühlen* notwendig macht, zu ignorieren? Gibt es etwas, das er sich nicht leisten kann?

Doch dann sitzen ausgerechnet die mit dem meisten Geld bei jedem besseren Konzert in den vordersten Reihen. Und damit scheint ihr Hunger nach klassischer Musik noch lange nicht gestillt zu sein. Die Memoiren von Musikstars wie Arthur Rubinstein bezeugen, daß unsere Hautevolee sich auch unter Ausschluß der Öffentlichkeit vor so manchem kalten Büfett zunächst einmal mit einem musikalischen Leckerbissen straft. Und falls einer von uns dank irgendeines grandiosen Mißverständnisses einen Einblick in ihre vierhundert Wände gewinnt, wird er erleben, wie dort, perfekt plaziert, die erlesensten Gemälde hängen; und eben nicht nur die, die er schon dank ihres Marktwerts erwarten durfte – Impressionisten, Surrealisten, alte Meister, Blaue Reiter. Auch die allerletzten Blüten des Kunstbetriebs sind schon vertreten. Und jeden ihrer Urheber kennt der Hausherr mit vollem Namen. Woher das kommt?

Es wird – wie auch anders? – von seinem Vermögen kommen. Und zwar gleich auf mehrfache Weise. Da ist zunächst der Gesichtspunkt der Beschäftigungstherapie: Irgend etwas muß ja auch der Reiche in seinen Mußestunden treiben. Und wie er seinen Sport danach wählt, was andere sich nicht leisten können, sucht er auch seinen Kunstgenuß nach diesem Prinzip aus. Jeder pensionierte Eisenbahner könnte heute Bücher lesen – dieses Kapitel kann man also getrost überschlagen. Wer die Erstausgaben des Marquis de Sade in seiner Bibliothek hat, muß der literarischen Welt nun wirklich nichts beweisen.

Fürs Fernsehen, diesen Fluch der unteren Stände, genügt hie und da ein Seitenblick. Und im Kino war man – abgesehen von ›Amadeus‹ natürlich – nun schon seit Jahren nicht. Den Sex, der dort gezeigt wird, könnte man sich ja auch in natura leisten. Die effektvoll inszenierten Delikte sind im Vergleich zur Größenordnung der eigenen ganz einfach nur naiv. (Wieder so ein Stümper, der für lumpige Hunderttausend zwölf Jahre Zuchthaus riskiert – aber Junge, das macht man doch anders!) Und der ganze Rest besteht heute ohnehin aus Sozialkritik. Das sieht man doch schon im Theater: Wie diese modernen Autoren ihr Publikum beschimpfen! (Phantasten sind das – schlachten die Hühner, für die sie ihre goldenen Eier legen.) Nur aus Gewohnheit geht man da manchmal noch hin. Und wenigstens zu den Premieren kommt ja noch immer nicht jeder.

Nein, nein. Im Vergleich zur Musik ist das alles gar nichts. Und zu den bildenden Künsten natürlich. Musik, so klassisch wie möglich. Malerei, so modern, wie es geht. Das ist's, was die Adeligen des Geldes fasziniert...

Obwohl heute kaum eine höhere Tochter noch Klavierspielen lernt – auch dieses Vergnügen hat ihr der klimpernde Mittelstand verleidet –, wird ihr dann später diese Fertigkeit immer noch am meisten geben. Und je mehr sie hinhört, desto feiner wird natürlich ihr Geschmack. Den mangels musikalischer Sensibilität der alten Aristokraten an der Armutsgrenze dahinkomponierenden Salzburger Meister haben die neuen, macht ihres Geldes, zum Gott der Musikwelt erhoben. Beethoven und Brahms, Schubert und Schumann, Händel und Haydn sind die Apostelpaare, denen sie erlauben, ihrem Amadeus das Wasser zu reichen. Und dann wird es auch schon schwer. Chopin und Liszt, Rachmaninow und Tschaikowsky, Debussy und Ravel sind die Zwillinge der Anfängerklasse – dem fortgeschrittenen Hörer werden höchstens die Klavierkonzerte noch etwas sagen. Bach und Vivaldi sind wohl voll akzeptiert, bleiben jedoch den älteren Herrschaften vorbehalten, die sich samt Lebenserfahrung den Sinn für das rechte Maß erwarben. Bei den Opernkomponisten kommt es ganz darauf an, wer interpretiert: Mit dem Pavarotti geht natürlich alles. Vorlieben für Barbaren wie Richard Strauss, Gustav Mahler oder jenen Wahnsinnigen von Bayreuth sind bei Damen ein wenig deplaciert (ist diese Begum nicht eine Friseuse gewesen?), wirken jedoch gerade darum bei Herren um so viriler (das musikalische Pendant zu Regatta, Safari und dem *medium rare* gegrillten Steak). Und danach hat die Musik ja ohnehin aufgehört.

Der gute Strawinsky! War wohl ein wenig überschätzt, nicht wahr? Schön, vielleicht werden ihn die Ballette überdauern. Und dieser Bartók ist ja völlig verarmt in einem New Yorker Hotelzimmer gestorben. Schlimm, ja, aber soll man die Menschen zwingen, sich das anzuhören? Die Zwölftöner geben schon gar nichts her. Philip Glass, Aaron Copland, Samuel Barber, Walter Piston, György Ligeti? Aber nein, das sind doch lauter uninspirierte Leute. Da kann die Musikkritik noch so sehr die Trommel rühren – das Publikum spürt einfach, wenn einer blufft.

Rockmusik! Natürlich wissen wir, was Sie meinen, unsere Kinder hören das den ganzen Tag. Doch das gibt sich. Wie haben wir in unserer Jugend für Jazz geschwärmt. Nächtelang sind wir in den Spelunken herumgesessen. Und was ist vom Jazz geblieben?... Gut, nennen Sie mir *einen* Komponisten. Tony wie? Nein, nie gehört. Aber ich versichere Ihnen: Es gibt heute keine verkannten Genies. Was Qualität hat, wird auch aufgeführt. Auch hier, jawohl, in diesem Rahmen. Die Zeiten sind vorbei, in denen irgendein Fürst über das Schicksal der Musik zu bestimmen hatte. Wir, das Publikum, haben jetzt das Sagen. Und unser Engagement werden Sie wohl nicht in Zweifel ziehen: Würden wir sonst dauernd in Opern und Konzerte laufen?

Ja, warum tun sie's? Was betört unsere Oberschicht an der klassischen Musik? Auch wenn sich ihre Zuhörfreude auf die hundert Evergreens eines Dutzends toter Männer bescheidet – erstens handelt es sich trotz aller Abgedroschenheit nicht um Schlager, zweitens bedeutet ein Konzert immerhin zwei Stunden Stillsitzen, die Zeit für Zugabe und Ovation nicht eingerechnet. Bei einer Oper kann es sogar doppelt so lang dauern.

Und alles spricht dafür, daß sie sich innerhalb ihrer selbstgewählten Grenzen auch auszukennen scheinen: Die Geräusche von Schubert und Schumann unterscheiden sie mit der gleichen Präzision wie die von Jaguar und Bentley. Die Qualität der Interpretation kann ihnen wohl ebenfalls nicht ganz entgehen: Wenn einer wie Vladimir Ashkenazy für seinen ›Carnaval‹ noch ein wenig waghalsiger in die Tasten greift, reißen sie wie bei einer Ralley hellwach die Augen auf. Nach überstandener Gefahr ein erleichterter Blick in die Runde der Gleichgesinnten: Das ist ja Gott sei Dank noch einmal gutgegangen. Nicht auszudenken, wenn der gute Mann sich blamiert hätte – in diesem Kreise!

Und wenn sie es vorziehen, sich etwas singen zu lassen, ist auch hier die Kennerschaft zu spüren. Nicht nach italienischen Arien gelüstet es den Reichen, die deutschen *Lieder* haben es ihm angetan. Falls Fischer-Dieskau nicht zur Verfügung steht, wird man sich auch mit einer Sängerin begnügen – vorausgesetzt, sie hat einen Namen und ist schwarz. Eine Negerin, die deutsche Texte singt – läßt sich Erleseneres denken? Als Zugabe bittet man hier aber stets um ein *Negro Spiritual*. Schon aus sozialen Gründen: Die Künstlerin soll wissen, daß man nichts dagegen hat, wenn sie die Leiden ihrer Vorfahren auf Grannies Baumwollplantage beklagt. Denn erstens liegt jene dunkle Epoche weit zurück, und zweitens wurden diese bedauernswerten Kreaturen ja von einem der unsrigen befreit: Dieser Lincoln mag zwar ein arger Parvenü gewesen sein, immerhin war er aber auch ein Weißer.

Allegro ma non troppo

Gut, aber damit ist noch immer nicht die Frage nach dem Motiv geklärt. Warum sitzt unsere Society lieber im Halbkreis um eine singende Negerin, anstatt ihren Dienstboten beim Silberputzen oder ihren Rennpferden beim Galoppieren zuzusehen? Das Rätsel um dieses Warum läßt sich erst lösen, wenn nach dem Wie geforscht worden ist. Erst wenn wir nachsehen, in welchem Aufzug und in welchem Rahmen unsere E-Musik-Spezialisten ihrer Leidenschaft huldigen, werden wir auch begreifen, weshalb sie gekommen sind.

Bei einem Popkonzert kann schon ein Cashmerepullover verdächtig sein: Wer so unsensibel ist, den ärmeren Zuhörern seinen Wohlstand vorzuführen, kann eigentlich auch nicht viel von Musik verstehen. Und vielleicht ist dieser vom Instinkt diktierte Maßstab gar nicht einmal so verkehrt. Jedenfalls hat ihn auch das Heer der Mitläufer begriffen: Wer dazugehören will, läßt seine Cartier-Uhr an diesem Abend zu Hause. Auch seine Sehnsucht nach bequemen Stühlen gibt er niemandem zu erkennen: An diesem Ort hat die Kunst zu zählen. Zur Belohnung bekommt er dann wohl oft mittelmäßige und unausgegorene, aber zuweilen eben auch neue und sogar große neue Musik zu hören. Ihren Schöpfern kann er hinterher persönlich danken: Abgesehen von John Lennon sind diese Mozarts ja alle noch am Leben. Der Applaus macht sie glücklich, und das Honorar wird vielleicht der Verlängerung ihres Köchelverzeichnisses dienen.

Bei den Treffen der Klassikfans ist der Maßstab genau umgekehrt. Zeig alles, was du hast, lautet hier das ungeschriebene Gesetz, und dann jedesmal wieder etwas Neues. Wie ehrlich es einer mit dem Kunstgenuß meint, wird zunächst am Preis seines Autos, seiner Roben, seiner Juwelen abgelesen und dann an der Gediegenheit des Gebäudes, das er betritt, an der Erlesenheit der Lüster, die ihn beleuchten, an der Bequemlichkeit des Fauteuils, in dem er seine Andacht übersteht.

Natürlich sind die Abstufungen hier so mannigfaltig wie die Vermögensverhältnisse der geneigten Hörer. Die oberen Zehntausend fungieren als Modell für die Millionen, die gern an ihrer Stelle wären. Wenn jene Mozart vergöttern, müssen es auch diese tun: Wer übermorgen dazugehören will, hat sich gefälligst schon heute bei der Musik von vorgestern zu zeigen. Zunächst tun es dabei auch die Manschettenknöpfe aus dem Kaufhaus. Doch je höher man aufsteigt, desto mehr hat man dann auf der Hut zu sein. Bei den exklusiven Zusammenkünften kann schon eine falsche Perle gegen die nächste Teilnahme entscheiden: Diese Person ist unseres Österreichers nicht würdig.

Wer bleiben darf, bekommt zur Strafe die ewig gleichen Museumsweisen vorgespielt. Die Interpretation ist stets vorzüglich, doch ihre Schöpfer liegen meist seit Jahrhunderten unter der Erde.

Mit anderen Worten: Es wird hier, trotz der erlesenen Musik, wohl kaum um das musikalische Abenteuer gehen. Die Zusammenkunft bei Klassischem hat die gleiche Funktion wie in der guten alten Zeit: Sie muß einer bestimmten Schicht einen unverdächtigen Rahmen für ihre barbarischen Bestandsaufnahmen liefern. Was man hat oder haben könnte, was erreicht ist und was noch fehlt – bei einer Symphonie kann es in aller Ruhe festgestellt werden. Und hier geht es endlich einmal nicht um abstrakte Zahlen: Diese Bilanz ist auch für die Damen der Gesellschaft zu entziffern.

Am beliebtesten ist daher, trotz der meist erheblich beeinträchtigten Akustik, der Musikgenuß im ganz privaten Rahmen. Was das Palais des Gastgebers am Hörgenuß ruiniert, wird an den übrigen Sinnen des Gastes wieder ausgebügelt. Bei einer wirklich großen Soiree können Soll und Haben nicht nur gesehen, sondern auch geschmeckt, berochen und betastet werden: Gut, das eigene Anwesen ist etwas kleiner, wird aber wohl die bessere Lage haben ... Die Gastgeberin im Ungaro, auch nicht gerade originell ... Und daß Jugendstilmöbel vorbei sind, werden manche Leute nie begreifen ... Das da drüben ist aber zweifellos ein Matisse, daneben hängt ein Kandinsky, und auch der Klee über dem Flügel dürfte siebenstellig sein ... und dieser kleine Pianist sollte sich einen richtigen Schneider suchen ... Doch das Andante bringt er himmlisch ...

Aber auch den geladenen Herren kommt der Anschauungsunterricht nicht ungelegen: Das Andante, aha, dann ist es ja zu 65 Prozent überstanden ... Was der junge Herr wohl so kassiert an einem Abend? Sind ja nicht gerade bescheiden, diese Leutchen ... Der gute Timothy ...! Mit dem Taxi vorgefahren! Kranker Chauffeur, haha ... Ich weiß schon, was bei dir krank ist, mein Lieber! ... Nanu, der neue Wirtschaftsminister? Das trifft sich aber gut. Da kann man dem nachher ja gleich einmal sagen, was man als Arbeitgeber von seinem famosen Vorschlag hält. Der Bursche muß schon ein bißchen aufpassen, wenn er sich hier sehen lassen will ...

Und so wäre dann auch die Frage nach dem Musikkriterium geklärt. Falls solche Zusammenkünfte in erster Linie der Generalinventur dienen, entscheidet bei der Auswahl des vorzutragenden Kunstwerks vor allem eines: Die Musik darf das Publikum nicht beim Denken molestieren. Denken heißt Vergleichen, hat der deutsche Politiker Walther Rathenau gesagt; hier stimmt es sogar auf zweifache Weise. Und liegt es nicht auf der Hand, daß zu einer doppelten Anstrengung nicht auch noch ein anstrengender Vortrag kommen darf? Also bitte nichts Ungewohntes. Nichts ungewohnt Lautes vor allem.

Der frühreife Amadeus muß sich also schon aus diesem Grund an der Spitze der großbürgerlichen Hitparade halten: Er beflügelt die Gedanken, ohne der Situation den Ernst zu nehmen; er stimmt optimistisch, ohne den Sinn für die Realität zu trüben. Bei Mozart kann der Zuhörer noch so angestrengt addieren, subtrahieren, dividieren – die Musik zaubert ihm stets ein gewisses Lächeln ins Gesicht.

Und auf diese Weise vergeht die lange Sitzung wie im Fluge, regelrecht aufgeschreckt wird man vom Applaus. Applaus? Ovation müßte es heißen. *Wiedergutmachung* wäre der noch exaktere Begriff. All die Ehre und das Geld, das unser »gutes« Publikum dem lebenden Komponisten so konstant verweigert – aus dem einfachen Grund, weil seine Sensibilität für das Erkennen neuer Tonfolgen in der Regel zu *beschränkt* ist –, wird hundert Jahre später dem versierten Auswendigspieler und Mitgeschlossenen-Augen-Dirigierer seines Werks auf penetranteste Weise nachgetragen.

Die Mozarts und Beethovens ihrer Zeit haben sie stets übersehen, vor den Horowitz' und Menuhins lagen sie wohl schon immer auf dem Bauch. Die Schuberts und Bartóks lassen sie hungern, den Barenboims und Karajans wird aus goldenen Schüsseln serviert. Ohne seine Clara käme unserer Hautevolee auch heute kein Schumann aufs Programm: Ein Komponist des Atomzeitalters, der sein Violinkonzert vor dem großen Knall wenigstens einmal hören wollte, müßte zunächst einmal die von den tonangebenden Herren vergötterte Anne Sophie Mutter auf seine Seite bringen.

Ansonsten werden es aber auch in der Klassik die weiblichen Fans am skurrilsten treiben. Die Schöpfer der Meisterwerke konnten sich seinerzeit nach den Gesellschaftsdamen noch so sehr verzehren – außer daß die eine oder andere huldvoll eine ihr gewidmete Sonate akzeptierte, haben sie nichts erreicht. Hundert Jahre später können sich die Interpreten ihrer Musik vor den Anträgen hochkarätiger Groupies nicht mehr retten: Maestro! Göttlich! Und was kann *ich* für Sie tun?

Verständlich, daß so mancher Mann mit Dirigierstab dabei die Übersicht verliert. Soll er sich eingestehen, daß er seinen Sex-Appeal ein paar toten Hungerleidern zu verdanken hat? Dieser Applaus hat ihm gegolten, ist doch klar... Die Musik kannten sie doch schon!... Ja, ja, meine Liebe, das sollten Sie in Ihrem Artikel ruhig einmal erwähnen: Dirigieren ist nicht so einfach, wie es scheint. Vor der Arbeit am Pult steht das *Schöpferische*, die *Rekomposition,* wie ich es mir zu nennen erlaube. Sehen Sie, auch ein Brahms, ein Mahler hatte ja seine

Schwächen. Sind doch alle nur Menschen gewesen, oder?

Doch unterdessen hat man hier nun auch die Zugabe überstanden. Verehrtester, wir sind ergriffen. Kein Wort zuviel hat die Presse da geschrieben, wenn sie Ihnen eine große Zukunft prophezeit! Doch nun kommen Sie, ich bahne Ihnen den Weg zu unserem Büfett. Einen Lachs wie diesen haben Sie gewiß noch nicht gekostet. Erst vor sechs Stunden aus Norwegen eingeflogen, für *Ihre* Soiree!

Der Musikbedienstete folgt der Dame des Hauses mit gemischten Gefühlen. Er weiß, auch er hat es mit diesem Abend irgendwie geschafft. Die schwindelerregende Gage ist zugleich Eintrittskarte und Exklusivvertrag mit dieser Welt. Er gehört jetzt ihnen, den Reichen. Wie die Jugendstilmöbel, die Designerroben, die Steinway-Flügel. Wie die Klees, die Matisses, die Kandinskys. Wie der wundervolle Mann mit dem Köchelverzeichnis. Denn sein Agent wird nie mehr erlauben, daß er irgendwo für weniger musiziert.

Doch der Lachs ist wirklich ausgezeichnet. Aus Norwegen fliegen die so was ein. Bagage... Eigentlich war es ja gut, daß er sich seinerzeit gleich auf die toten Meister konzentrierte. Wohin hätte ihn sein Faible fürs Zeitgenössische schon geführt? Nicht einmal bis zur Auffahrt wäre hier ein lebender Komponist gekommen. Und die, die sich für Neues interessieren, könnten sich einen Interpreten wie ihn ja spätestens ab heute nicht mehr leisten. Ging eigentlich schnell.

Je klassischer die Musik, desto beschränkter
das Publikum

Dies ist, wenngleich vereinfacht, der Mechanismus, nach dem auch in der Musikwelt die Beschränktheit triumphiert. Glücklicherweise gilt das nicht für alle Sparten: Die *Kammermusik* und das *Lied* haben sich der Verelendung entzogen – in den *Popmusikgruppen* und im *Song* fand hier auf exemplarische Weise der Anschluß an die Neuzeit statt. Die in allen übrigen Kunstbereichen von Geld- und Fachleuten errichteten Dummheitsbarrieren vermochten die Entwicklung nicht zu bremsen: Der

Komponist ist zugleich der Interpret seiner Schöpfung und kann daher ohne großen Aufwand sensible, phantasiebegabte Hörer erreichen. Schon ein U-Bahn-Schacht wird für erste Auftritte genügen. Bei Gefallen bleibt das Publikum einfach stehen und zahlt dann nachher, was es entbehren kann. Und darum ist heute die Popmusik auch die Kunstrichtung mit der vitalsten Kreativität.

Wer Symphonien oder Opern schreibt, trifft leider auf diametral entgegengesetzte Konditionen. Ein solches Werk kann ja nicht mit fünf Personen vorgetragen werden; hier bräuchte man das Wohlwollen des Musikestablishments und der Geldleute. Es müssen Konzertsäle, Opernhäuser und Orchester gemietet werden. Die Mitarbeit guter Dirigenten und Solisten wäre nötig, von Künstlern also, die daran gewöhnt sind, bei vollem Hause Altbewährtes zu hohen Gagen vorzutragen, für ihren Mangel an Risikofreude mit Ovationen belohnt zu werden und bei den Zensoren im Mittelpunkt zu stehen. Der eigentliche Verursacher des Vergnügens ist ja tot.

Und falls es einem Komponisten gelingt, alle diese Hürden zu überwinden, trifft er hier, im Gegensatz zu seinem Kollegen aus der Popszene, auf ein unsensibles, gelangweiltes Publikum, das eigentlich nur gekommen ist, weil der Soundso dirigiert und weil es sich davon überzeugen wollte, daß es bei zeitgenössischer Musik nichts versäumt. Selbst wenn die Rezensionen passabel sind – auch dies ein kleines Wunder –, gibt es in der Regel keine Neuaufführung. Der Komponist hat also auch bei den Phantasievolleren kaum eine Chance, einen bleibenden Eindruck zu hinterlassen. Schon einen Schlager muß man ja mehrmals hören, um zu wissen, wie gut er einem wirklich gefällt. Bei einer neuen Oper kann die Notwendigkeit wiederholten Hörens daher nur dringender sein.

Die Nachfrage bestimmt also auch hier das Angebot, und diese Nachfrage ist kaum vorhanden. Und gerade die, die einem am besten helfen könnten, lassen einen am häufigsten im Stich. Vor allem der unbekannte Komponist wäre ja auf die Namen arrivierter Interpreten angewiesen. Doch selbst wenn diese Fachleute die Qualität seiner Musik erkennen würden, wäre es schwer, sie zum nächsten Schritt zu verleiten: wegen der vielen Arbeit, die das Einstudieren ungewohnter Tonfolgen mit sich bringt, wegen der nach dem Premierenabend spärlich besuchten Häuser, wegen der mangelnden Tournee-Angebote und der ausbleibenden Offerten der Schallplattenindustrie, wegen der Enttäuschung bei den Verehrern und des darauf folgenden Sinkens des eigenen Marktwerts.

Je arrivierter der Musikstar, an den der unglückliche Komponist sich wendet, desto geringer die Chance, auf ein geneigtes Ohr zu treffen. Eigentlich erkennt man die Prominenz eines Dirigenten oder Solisten ja immer schon an seinem Konzertprogramm: Mozart und die üblichen Apostel der Schallplattenindustrie, hie und da ein wenig Hindemith oder Schönberg, um dem rückständigen Publikum vorzuführen, wie fortschrittlich es ist. Was darüber hinausginge, wäre sehr von Übel. Ein bekannter Dirigent, der darauf bestünde, den Komponisten seiner eigenen Zeit Gehör zu verschaffen, wäre in den Ohren seines Publikums bald genauso erledigt wie die Meister, für die er kämpft.

Und natürlich gibt es in jeder Epoche große Komponisten. Schon aus statistischen Gründen muß die Zahl verkannter Beethovens heute noch größer sein als dazumal. Die Bevölkerung hat sich seit dessen Lebenszeit verachtfacht, in den reichen Ländern werden sogar in der Unterschicht Platten gehört und Instrumente gespielt. Und der Umweg über die leichter durchsetzbare, kleine Form ist einem epischen Komponisten nicht immer möglich: Das wäre etwa so, als ob man Norman Mailer riete, einen Lyrikbestseller zu schreiben, damit er dann später Leser für ›Die Nackten und die Toten‹ findet. Auch der Umweg über den Film, mit dem es etwa einem Glass oder Ligeti gelang, ein gewisses Publikum zu erreichen, muß Ausnahme bleiben. Wenige Filmregisseure können Partituren lesen, und Aufnahmen werden ja gerade von den ungewöhnlichsten Kompositionen nicht vorhanden sein.

Doch natürlich kann das nicht sie Sorge derer sein, die im Privatflugzeug zum Musizieren reisen. Falls sie sich nicht von vornherein auf dem Niveau ihres verehrten Publikums befinden, werden sie früher oder später auch in dieser Beziehung bei ihm landen. Sie, die Musikanten, werden zu Kollaborateuren der Schicht, der sie aufzuspielen haben: Ihr Programm bestätigt den Brillantbehangenen, daß sie auch mit ihrem musikalischen Geschmack an der Spitze liegen. Wenn es etwas Besseres gäbe, würde man es ihnen ja vorspielen, nicht wahr?

Die Musik, die die Jugend der halben Welt beschäftigt, darf diese Museumswächter nicht faszinieren. Kaum ein Popmusiker, der Vivaldis herrliche ›Vier Jahresheiten‹ nicht schon an den ersten Takten erkennen würde. Kaum ein Interpret klassischer Musik, der von Genesis' künstlerisch wohl ebenbürtigem Werk ›The lamp lies down on Broadway‹ oder von Oldfields ›Tubular bells‹ auch nur den Titel gehört hätte. Er will gar nicht wissen, was das ist – wenn es etwas taugte, würde doch gerade er es kennen.

Ja, ja, seufzt der gehetzte Rekomponist, ein Genie wie diesen Amadeus hat es eben tatsächlich nur ein einziges Mal gegeben. Im nächsten Frühjahr wird er daher alle seine Mozartkonzerte auf CD einspielen. Immerhin ist er ja nun bald sechzig und hat damit einen ganz neuen Zugang zu dieser Musik. Und im Sommer wird er dann in Salzburg die ›Zauberflöte‹ dirigieren. Ein seit Jahren gehegter Traum!

Auf den Erfolg dieses waghalsigen Unternehmens könnte er eigentlich jetzt schon seine nächste Villa bauen: Wie die beschränkte Papagena dem beschränkten Papageno vorträllert, davon hat gerade dieses Publikum noch lange nicht genug.

Jackson Pollocks Cadillac

Dies alles ist aber geringfügig im Vergleich zum Grad an Beschränktheit, der in den bildenden Künsten waltet. Nirgendwo tritt heute die Phantasielosigkeit der Geldleute ungenierter auf, wird der Markt von Spekulanten geschickter manipuliert, ist die Kollaboration der Künstler peinlicher.

Wie überrascht war noch Jackson Pollock, als er einige Jahre vor seinem Tod eines seiner Bilder für viertausend Dollar verkaufen konnte: »Soviel wie ein Cadillac!« soll er sich gewundert haben.* Dreißig Jahre später dürften seine Bilder hundertmal soviel kosten, ohne daß jemand staunte. Und auch seine Malerkollegen haben schnell dazugelernt. Schon Anfänger verlangen heute oft einen Kleinwagen als Gegenwert für ein Bild. Daß von einem international bekannten Künstler kaum noch ein Werk unter hunderttausend Dollar zu haben ist, scheint jeder der am Kunstbetrieb Beteiligten normal zu finden. Falls der Preis einmal nach unten schwankt, trägt nicht selten der Meister höchstpersönlich dazu bei, daß er sich erholen kann: In wichtigen Auktionen sitzen seine Leute, die bei unzureichendem Angebot das Kunstwerk kurzerhand für ihn ersteigern. Auch dies ist ja noch ein Geschäft: Man zahlt dem Versteigerer seine Prozente und schickt dem Sammler eine appetitanregende Zeitungsmeldung auf den Frühstückstisch: Ein Bild von dem XY kostet nun schon hundertzwanzigtausend – wäre es da nicht Zeit?

In der Regel ist es aber gar nicht nötig, auf so unelegante Weise in das Geschehen einzugreifen. Die Preise für die Werke »anerkannter« Künstler steigen von Jahr zu Jahr in immer schwindelerregendere Höhen und ziehen damit automatisch die des als förderungswürdig erachteten Nachwuchses mit hinauf. Als 1964 ein Ölbild von de Kooning für 1,6 Millionen Dollar ersteigert wurde, hielt man dies am Kunstmarkt für eine Sensation – noch nie ist ein Werk eines noch lebenden Künstlers mit einer so hohen Summe honoriert worden. Fünfundzwanzig Jahre später kann man darüber nur noch lächeln: Ein Jasper Johns hat nun schon siebzehn Millionen Dollar eingebracht.

Und natürlich wird sich der Phantasiebegabte auch hier wieder ein paar seiner hinterwäldlerischen Fragen stellen. Zum Beispiel wird er sich fragen, wie es denn möglich ist, daß oft dieselben Leute, die in der Musik so penetrant das Vergangene favorisieren, in den bildenden Künsten so zielstrebig auf das Grelle, Neue, »Populäre« setzen. Wenn ein Jasper Johns siebzehn Millionen wert ist, ist dann ein Rembrandt mit elf Millionen nicht viel zu billig

---

* Jacqueline Bograd Weld: Peggy. New York 1986

gewesen? Warum kostet das Gemälde eines zeitgenössischen Malers auf einmal mehr als beispielsweise ein Frans-Hals-Porträt? Weshalb ist ein lebender Meister, der doch sein Œuvre noch beliebig vergrößern oder sogar in Frage stellen kann, für so manchen Vermögenden eine begehrtere Kapitalanlage als ein toter Klassiker?

Auch wird er, der Feinfühlige, sich natürlich fragen, wie jemand es überhaupt fertigbringt, sich mit millionenschweren Kunstobjekten zu umgeben. Ihm selber würde schon das Problem mit den Dienstboten zu schaffen machen: Wie peinlich, wenn sie erfahren, daß da der Gegenwert einer Kinderklinik in der Eingangshalle hängt... Dann ist da die Schwierigkeit mit den Gästen: Angenommen, sie kennen den Preis des der Bewunderung Preisgegebenen, müssen sie dies dem Gastgeber nicht als neureiche Protzerei verübeln? Empfinden sie es nicht als Mangel an eigenem Geschmack, wenn da das Œuvre eines Artisten hängt, den sie schon darum auf den ersten Blick identifizieren, weil man seine Bilder so häufig bei den anderen Wohlhabenden sieht?

Und dann ist da ja auch noch die Gefahr für Leib und Leben, weil sich eben die Wahrscheinlichkeit von Verbrechen am Besitzenden proportional zum Wert des ausgestellten Besitzes steigert. Sind Reiche wirklich dermaßen kunstbesessen, daß sie für den Anblick einiger Meisterwerke sogar ihre persönliche Sicherheit riskieren? Warum genießen sie die Künste nicht lieber im Museum? Wenn sie sich die Arbeiten arrivierter Künstler nicht zu immer horrenderen Summen gegenseitig abjagen würden, wären diese ja auch für Museumsdirektoren erschwinglich: Der Kunstgenuß wäre nicht nur gefahrlos, auch die Auswahl wäre größer als zu Hause, und man befände sich in Gesellschaft Gleichgesinnter.

Und vor allem fragt sich der Sensible, weshalb alle diese kunstverständigen Leute nur in ganz bestimmte Künstler investieren und warum sie damit immer erst beginnen, wenn der Artist schon einen Namen hat? Bei allem Respekt vor dem Können der Hochgehandelten – er, der regelmäßig die Ateliers befreundeter Maler und die kleinen Galerien seiner Heimatstadt durchstreift, hie und da auch etwas kauft, kennt gleich ein paar Dutzend Künstler, die er aufregender findet als diese Umsatzmillionäre. Warum investiert der Wohlhabende nicht, solange die Bilder eines Malers noch für den Preis eines guten Gebrauchtwagens zu haben sind? Erstens hätte er dann ja einen Künstler gefördert, solange der sein Geld noch dringend brauchte; zweitens könnte er um so stolzer sein, wenn sein Geschmack dann später bestätigt wird; drittens wäre auch der finanzielle Gewinn entsprechend größer; und bei einer »Fehlinvestition« hätte er, viertens weniger Verlust gemacht.

Denn auch wenn es dem Reichen hier wieder einmal nur ums Geld gehen sollte: Hat er denn keine Angst, daß dieser aufgeblähte Kunstmarkt eines Tages in sich zusammenfällt? Ist es ihm nicht unheimlich, wenn ein Pollock nun gleich soviel wie hundert Cadillacs kostet? Was passiert, wenn neue, aufregendere Künstler den Markt erobern? Oder wenn die anderen Reichen sich eines Tages über den Preis dieser nervösen Muster ebenso zu wundern beginnen wie seinerzeit ihr Erfinder? Dann hätte man doch unter Umständen eine Million Dollar zum Fenster hinausgeworfen?

Je teurer das Bild, desto dümmer der Käufer

Unnötige Sorgen, die wieder einmal zeigen, daß ein Mensch mit Phantasie sich alles vorstellen kann außer diesem einen: die Phantasielosigkeit der meisten anderen Leute. In dieser Variante des Kulturbetriebs wären seine Fragen etwa folgendermaßen beantwortbar:

1. *Pop-art* ist eine der vielen irreführenden Bezeichnungen, die hier verwendet werden. Könnte man daraus doch schließen, es handle sich, ähnlich wie bei *Popmusik*, um Kunst, die aus dem Volk kommt und von ebendiesem konsumiert wird. Auch die heute so teuer gehandelten Werke der zeitgenössischen, zuweilen noch immer »populär« genannten Kunst entstehen natürlich in den unteren Regionen: Da Reiche per definitionem unsensibel sind, kommt aus ihren Reihen, wie gesagt, auch keine Kunst. Doch anders als in den übrigen Bereichen arbeitet

der Artist hier meist für den Klassenfeind. Die Gründe sind naheliegend: Schallplatten, Bücher und Filme können beliebig vervielfältigt werden und sind daher wenigstens für die Mittelschicht erschwinglich. Bilder und Skulpturen hingegen sind nicht ohne Qualitätsverlust reproduzierbar; der Kunstgenuß muß daher weitgehend an die Betrachtung des Originals gekoppelt bleiben. Außerdem braucht man hier Platz: Häuser und Wohnungen für die Bilder, Gärten und Terrassen für die Plastiken. Da die Mehrheit sich also weder Originale leisten kann, noch über die Wände verfügt, an die sie zu hängen wären, ist gerade diese Kunstrichtung dazu prädestiniert, zum Tummelplatz der Vermögenden zu werden.

Denn natürlich muß diese Unerreichbarkeit für die unteren Schichten die Nachfrage bei den oberen beflügeln. Was sie in der Musik an Modernem versäumen, holen sie hier mit Begeisterung nach: Da kann man nun wirklich einmal beweisen, daß man andere Ansprüche stellt als das Gros und daß das Geld und die Macht, über die einer verfügt, eine direkte Folge seiner intellektuellen Neugier sind. Wenn also er, der Arrivierte, keine neuere Musik hört, seit Jahren nicht mehr ins Kino geht und kaum noch liest, so deshalb, weil die hier als »Kunst« empfohlene Ware für den Geschmack der Massen angefertigt und daher eben leider auch entsprechend minderwertige Massenware ist. Sieht man nicht an seiner Sammlung hochmoderner Bilder, wie sehr gerade er dem wirklich Revolutionären aufgeschlossen ist? Erkennt man nicht, in welchem Maß ihn alles Dynamische, Neue, Wilde *(Neue Wilde)* fasziniert? Muß man nicht einsehen, daß ihm sein vieles Geld nur Mittel zum Zweck bedeuten kann: daß seine Seele nicht an seinen Schokoladen- und Containerfabriken hängt, sondern nach Phantasie und Schönheit dürstet? Jawohl, die Meisterwerke der Moderne haben es ihm angetan. Erst im Umgang mit den Unkonventionellen, den Kreativen fühlt er sich unter seinesgleichen. Du lieber Himmel, wenn er nicht für diese vielen Arbeitsplätze Verantwortung trüge, was hätte aus ihm nicht alles werden können. Wie oft möchte er alles hinschmeißen und das tun, was er sich berufen fühlt.

Aber ist das Sammeln großer Kunst, das Gespür für die

Qualität des Ungewohnten, Neuen, nicht letzten Endes auch ein schöpferischer Akt? Wo stünde der Künstler ohne den Erkenner, den Bewahrer seines Werks? Könnte ohne Leute wie ihn, die bereit sind, für ein Bild ein Vermögen hinzulegen, Kunst überhaupt vorhanden sein? Dieser Frank Stella zum Beispiel, den er da gerade für 1,2 Millionen Dollar ersteigert hat – ein Mensch wie sein Fahrer würde für ein solches Bild doch nicht einmal einen Penny opfern!

2. Dem Reichen ist es alles andere als peinlich, wenn seine Gäste den Wert seiner Bilder erraten. Ungemütlich wird ihm erst, wenn da einer kommt, den er nun wirklich einmal gern beeindruckt hätte – ein noch Reicherer – und der dann seinen neuen Stella kommentarlos übergeht. Hatte nicht auch er gerade mit diesem Künstler seine Schwierigkeiten? Hat er nicht gelacht, als ihn sein Händler damals zum erstenmal empfahl? Wie leicht könnte ihn einer, der nicht weiß, daß so etwas 1,2 Millionen kostet, mit einem geschmacklosen Nouveau riche verwechseln?

In der Regel geschieht dies jedoch selten: So mancher seiner Besucher würde einen Frans Hals nicht erkennen, doch gerade in den allermodernsten Kunstströmungen weiß er Bescheid. Noch unter der Haustür beginnt er mit der Kunstbetrachtung: »Ah, ein Rothko!.. Und das hier dürfte wohl ein Stella sein? Nehmen Sie mir's nicht übel, mein Bester, aber mit diesem Maler habe ich leider noch immer mein Problem... Doch einen selten schönen Sam Francis haben Sie da. Und dieser Fontana hängt hier hervorragend!«

Die zweitwichtigste Aufgabe des Besitzes zeitgenössischer Kunst ist ja diese: Das Bild dient nicht nur dem Prestige des Gastgebers, sondern hilft ihm auch, sich ein Bild von seinem Gast zu machen. Das rasche Identifizieren der Kunstwerke (wobei man sich auf keinen Fall über die Signatur zu beugen hat) besitzt in diesem Milieu seit jeher Testfunktion, ist der Geheimcode, mittels dessen sich ein Mensch aus besten Kreisen dem andern als seinesgleichen zu erkennen gibt.

Und auch bei der Wertbestimmung des Aufsteigers kann die bildende Kunst ihrem Eigentümer dienlich sein.

Mehr noch als in den privaten Räumen ist sie so manchem Reichen daher in den Firmenräumen wichtig. Wenn der für die hohe Position in Aussicht genommene Mann beim Eintritt in sein Büro bewundernd »ah, ein Rothko!« ruft oder sich interessiert über den Giacometti auf seinem Schreibtisch neigt, weiß der Mächtige, daß er da jemanden vor sich hat, der eines Tages dazugehören könnte.

3. Gerade dem Reichen macht es nichts aus, unter einem millionenschweren Bild zu sitzen. Es macht ihm ja auch nichts aus, in einem riesigen Haus zu leben und bei seinen Arbeitern mit atemberaubenden Sportwagen vorzufahren. Und warum sollte er sich wegen seines Kunstbesitzes ausgerechnet vor seinen Dienstboten genieren? Verstehen die vielleicht etwas von Kunst?

Auch wegen der möglichen Begleiterscheinungen seiner Gelddemonstration wird er sich nicht ängstigen – jedenfalls nicht so sehr, daß er darauf verzichten müßte. Die Gefahren, die er mit seinen teuren Bildern heraufbeschwört, malt ja gerade der Phantasielose sich nicht aus. Gegen Diebstahl ist er versichert, gegen Einbruch hat er seine Alarmanlage, und gegen Entführung haben ihn und die Kinder seine Leibwächter zu schützen. Wofür bezahlt er sie denn?

4. a) Kein Reicher kann daran interessiert sein, daß die Preise für moderne Kunst niedrig bleiben. Dann könnte sie sich ja auch sein Masseur leisten, und er müßte womöglich in Studiofilme gehen, um zu zeigen, daß er mit der Zeit geht.

b) Dem Reichen ist es unwichtig, wie viele Leute besser malen können als sein Stella. Der Zauber eines Bildes wird für ihn weder von der Form noch von der Farbe kommen; es muß fortschrittlich wirken und so teuer gewesen sein, daß es für den Mittelstand nicht erschwinglich wäre. Und natürlich bereitet ihm auch das Sujet keine Schwierigkeiten. Nur Feinfühlige fragen sich beim Rundgang durchs Museum, wer in aller Welt sich so etwas in die Wohnung hängen möchte. Doch wer so sensibel ist, daß ihn ein Bild von Max Beckmann deprimiert, könnte es sich ohnehin nicht leisten. Berühmte Maler können also ganz ohne Scheu auch Särge oder Selbstmörder auf die Leinwand bringen, falls es sie danach drängt: Solange der Wert ihrer Gemälde stetig ansteigt, wird dies die Lebensfreude der Besitzer kaum beeinträchtigen. Gerade der Reiche ist solchen Terror ja von klein auf gewöhnt: Seine Eltern hatten ihre blutigen Soutine-Fleischbilder im Speisezimmer hängen, und sein Großvater, ein General, pflegte seine Freunde unter dem Mammutgemälde eines Schlachtenmassakers zu unterhalten. Den Reichen gibt es nicht, der sich van Goghs Selbstporträt, das dieser gleich nach der Abtrennung seines Ohrs anfertigte, nicht über den Kamin hängen würde.

c) Reiche wollen ihre Bilder gar nicht kaufen, solange sie noch ganz billig zu haben wären. Falls sie genügend Geschmack besäßen, um gute Kunst im Anfangsstadium zu erkennen, wären sie nicht, was sie sind: Niemand kann zugleich reich *und* geschmackvoll sein. Einen Maler »entdecken« heißt hier, bei ihm gekauft zu haben, solange er noch unter fünfzigtausend zu haben war. Folgerichtig wird daher später auch nicht der Blick, sondern der »gute Riecher« des Käufers gerühmt. Ein Reicher, der die Bilder eines Künstlers erwirbt, solange der sein Geld noch dringend nötig hat, ist eine solche Seltenheit, daß er so berühmt wird wie Peggy Guggenheim.

Und auch sie hatte dabei ihre »ständigen Begleiter«: Marcel Duchamp, Yves Tanguy, Max Ernst ... Das Vorwort für ihren ersten Ausstellungskatalog übersetzte Samuel Beckett, mit dem sie James Joyce zusammengebracht hatte, und an der Ablehnung Jackson Pollocks, den sie später ihre wichtigste Entdeckung nannte, hatte sie kein Geringerer als Piet Mondrian gehindert.[*] Und sie alle taten dies nicht einmal für Geld: Gerade den Phantasievollsten fällt es ja am schwersten, sich vom Glanz eines großen Namens nicht betören zu lassen. Und falls es stimmt, daß die sinnenfreudige Peggy an der Zuwendung ihrer Künstler mehr interessiert war als an deren Produkt, hatte sie für ihre Leidenschaft ohnehin das ehrenwerteste aller Sammlermotive.

---

[*] Jacqueline Bograd Weld: Peggy. New York 1986

Kunst ist, was bei den Reichen hängt

Und natürlich muß der Wohlhabende auch nicht befürchten, daß seine Geldanlage leichtfertig gewesen sein könnte. Künstler, in die er auf Empfehlung des maßgeblichen Kunsthandels investiert, sind dank einer Verflechtung unterschiedlichster Interessen gegen große Preisverfälle abgesichert. Der Wert ihres Œuvre wird nicht nur durch die vielen Vermögenden verteidigt, die auf den gleichen Künstler setzen, sondern auch durch die Internationale der arrivierten Händler, Gutachter, Museumsleute. Falls sie sich bei ihren Empfehlungen irren, verlieren Galeristen und Versteigerer ihre Kunden, Gutachter und Kritiker ihren Ruf, Museumsleiter und Ausstellungsveranstalter ihre Posten.

Doch warum sollten sie sich irren? Solange sie gemeinsam vorgehen, wäre dies gar nicht möglich: Wenn ein bestimmter Maler bei den Reichen hängt, ist er ein großer Maler. Jener Spott, der beispielsweise für einen Schriftsteller, der Ungewohntes sagt, so verheerende Folgen haben kann, wird hier den Wert eines Werkes nur noch rascher steigern. Einem Bildhauer kann nichts Besseres passieren, als daß naive Stadtväter am Kunstwert jenes Haufens unbehauener Steine zweifeln, den er vor ihrem Amtssitz aufschichten möchte. Gleich vier bekannte Fachleute nehmen ihn in der Zeitung in Schutz: Dieser Künstler hat schließlich auf ihre Empfehlung an der Biennale von Venedig teilgenommen. Und nach dem Skandal sind seine Plastiken dann vielleicht dreimal so teuer und damit noch weniger angreifbar. Nach Überschreiten einer bestimmten Preisbarriere könnte man über einen Avantgardisten ja nur noch flüsternd schimpfen: Dies ist Kunst und wird es so lange bleiben, wie Vermögende dafür ihre wundervollen Schecks ausstellen. Erst wenn sie über des Kaisers neue Kleider zu lachen begännen, dürften auch wir anderen es tun. Und warum sollte ein Reicher über etwas lachen, das ihn Geld gekostet hat?

Kunst besteht aus Signalen von Phantasievollen an Phantasievolle. Der eine, *Künstler* genannt, hat ein Kunsterlebnis anzubieten, der andere ist unter dem Sammelbegriff *Publikum* auf der Suche nach einem solchen

Abenteuer. Theoretisch wäre es unmöglich, daß die eine oder andere Seite versagt: Bei einer Bevölkerung von vier Milliarden gibt es immer große Künstler, immer ein großes Publikum. Zwischen beiden steht jedoch der Vermittler – jener im weitesten Sinn als *Kunstkritik* zu bezeichnende Personenkreis, der darüber entscheidet, ob ein bestimmtes Phantasieprodukt es verdient hat, einem bestimmten Publikum als *Kunst* vorgeschlagen zu werden.

Wenn diese Vermittler phantasievoll und sensibel sind, können die Signale der Sender die Empfänger erreichen: Es gibt aufregende Künstler, ein waches Publikum. Wo sie versagen, geschieht das Gegenteil: Die Kunst wird langweilig, das Publikum schläft ein. Dasselbe muß geschehen, wenn der Vermittler zwar Phantasie hat, sich jedoch aus wirtschaftlichen Gründen veranlaßt sieht, das Produkt des Künstlers an die falschen Adressaten weiterzuleiten. Sobald die Bilder eines Malers so teuer gehandelt werden, daß sie sich nur die Vermögenden leisten können, hat er nicht die Phantasievollen zum Publikum, sondern die Stumpfen, und seine Leistung fällt ab: Wenn man weiß, daß es dem Empfänger ohnehin nur um die Unterschrift geht, schreibt man ihm keinen geistreichen Brief.

Das Wichtigste für das Gedeihen der Kunst wäre also, daß dort, wo darüber entschieden wird, was darunter zu verstehen ist, Personen mit »Kunstverstand« am Werk sind. Das Nächstwichtigste wäre, dafür zu sorgen, daß die Arbeit des Künstlers nicht in die falschen Hände gerät, daß also das Neue dort landet, wo es viele sehen.

Doch wer sind die Leute, die über das Schicksal der Künstler entscheiden? Da das Mitmischen im Kunstbetrieb gerade in der Oberschicht Ansehen genießt, ist es unvermeidlich, daß sich da so mancher höhere Sohn und vor allem so manche höhere Tochter zu schaffen macht – mitsamt ihren bekannten Handicaps bei der Kunstbetrachtung. Auch wird man feststellen, daß sich unter den hier Tätigen auffallend viele Wissenschaftler befinden: Kunsthistoriker, Musiktheoretiker, Theaterwissenschaftler, Literatursachverständige...

Diesen Kreisen soll Kunstverstand nicht abgesprochen

werden – es gibt ja auch Dichter, die bei der Relativitätstheorie mitreden können –, doch voraussetzen wird man ihn gerade hier nicht können. In der Regel handelt es sich um Menschen, die den Vortrag übers Paradies dem Paradies vorzogen: Anstatt etwa den echten Leuten zuzuhören und sich dann hinzusetzen und ein Theaterstück zu schreiben, haben sie lieber gelesen, was Herr Puntila zu seinem Knecht Matti sagt, und dann über »Das Dämonische bei Äschylus« promoviert. Doch zumindest dort, wo das Theater subventioniert ist, sind sie es dann, die über die Stücke der neuen Autoren entscheiden. Den Paradiesvogel, der unterdessen auf zehn abgelehnte Dramen verweisen kann, würde man für ein so verantwortungsvolles Amt nicht in Erwägung ziehen: Wenn er etwas von Theater verstünde, würden doch seine Stücke aufgeführt, oder?

Aber woran wäre die Befähigung eines Kunstvermittlers überhaupt zu prüfen? Wenn eine solche Person über Kunst referiert, klingt es immer überzeugend, und mit dem Kunstwerk selbst kann gerade in diesem Augenblick nicht verglichen werden: Man liest diese Kritik ja, um zu erfahren, ob es sich lohnt, sich für den Besuch dieser Ausstellung oder der Lektüre jenes Buches Zeit zu nehmen. Wenn man dann der Empfehlung folgt oder trotz der Warnung einmal hingeht, ist man oft erstaunt, wie wenig die brillanten Formulierungen jenes Experten in Zusammenhang mit dem beschriebenen Werk stehen. Doch natürlich wird einem bedeutet, daß sich ja gerade über Kunst am besten streiten läßt. Und falls man dann noch vorschlägt, die Beurteilung von Kunstwerken doch lieber in die Hände jener zu legen, die ihre Kreativität bewiesen haben, ist man erst recht verloren: Sagt nicht sogar Oscar Wilde, daß einer kein Schütze sein muß, um zu erkennen, ob der andere ins Schwarze getroffen hat?

Manchmal gibt es aber auch hier Augenblicke der Wahrheit. Nach Jahren der Kritikerallmacht wird der Fachmann zuweilen leichtfertig, stellt die im Sommer gemalten Aquarelle aus, veröffentlicht einen Gedichtband oder den in aller Stille verfaßten Roman. Und nun hat man einen Einblick in seinen wahren Phantasiehaushalt, und das, was man sieht, ist in der Regel noch viel schlimmer als erwartet. Man fragt sich erst recht, ob man in diesem Beruf nicht vielleicht doch Schützen bräuchte, und zwar die besten: weil die, auf die hier gezielt wird, Künstler und somit die Verletzbarsten von allen sind. Und weil sich unter den Opfern auch der eine oder andere Mozart befinden könnte (den man schon daran erkennen würde, daß er eben nicht wie Mozart komponiert).

Und wie wäre es wohl möglich, daß ein Kritiker, der sich selbst gegenüber bis zu einem solchen Grad versagt, ein sensibles Urteil über die Kunst der andern hat? Ist es die Rache des Impotenten, die diesen Menschen seine Macht über die Schöpferischen erstreben ließ? Wie steht es mit denen, die sich nicht durch eigene Kreation decouvrieren? Sind sie sogar für dieses geschwollene Mittelmaß noch zu einfallslos?

Schließlich erkennt man, daß es auch in diesem Bereich wieder komplizierter sein muß. Man kann sich auch aus Intelligenz oder Bescheidenheit (falls dies nicht ohnehin ein und dasselbe ist) der Kunstproduktion enthalten und aus Zeitmangel sowieso. Außerdem muß es schon aus Gründen der Logik im Kunstbetrieb immer ein paar Kunstverständige geben. Denn hier sind ja dann nicht nur die vertreten, die so selbstsicher nach dem Zufallsprinzip entscheiden, sondern auch deren Opfer. Nach Jahren vergeblichen Kampfes bleibt gerade dort, wo die Kritik am primitivsten ist, dem guten Künstler oft nichts anderes übrig, als unter die Vermittler zu gehen. Da Kreative per definitionem selten vermögend sind und von einem bestimmten Alter an meist auch noch eine Familie zu ernähren haben, besteht oft ihr letzter Ausweg darin, sich um den Posten eines Buchrezensenten, Filmkritikers, Verlagslektors, Theaterdramaturgen, Musiklehrers, Galerieassistenten zu bewerben. Und falls er ihn bekommt (falls ihm nicht ein Bewerber mit Beziehungen oder ein Wissenschaftler vorgezogen wird), kann er dann hier zuweilen jene Hilfe gewähren, die ihm selbst versagt blieb, und wenigstens manchmal eine Begabung dem Zugriff der Stupidität entreißen. Abgesehen von jenen glücklichen Zufällen, bei denen ein Beschränkter einen Genialen aus Versehen fördert (irgend etwas muß er ja in seiner Galerie ausstellen, in seinem Verlag veröffentlichen, in seiner Besprechung loben, und schon aus statistischen Gründen wird das dann eben manchmal auch etwas Gutes sein), ist solchen Einzelkämpfern unsere gesamte Kultur zu verdanken.

Die Achillesferse des Woody Allen

Es ist schwer zu sagen, wie hoch die Zahl der Barbaren sein könnte, die im Kulturbetrieb auf einen Sensiblen kommen – zehn, dreißig, hundert? Es ist daher auch schwer zu berechnen, wie groß die Wahrscheinlichkeit ist, daß ein bestimmter Künstler sein Publikum findet. Fest steht, daß unter Laien vor allem folgende Vorurteile verbreitet sind:

a) Ein guter Künstler setzt sich letzten Endes immer durch – und sei es im hohen Alter, sei es nach seinem Tod.

b) Ein guter Künstler ist von seinem Werk überzeugt, die Meinung der Kritiker interessiert ihn nicht.

c) Ob er nun Erfolg hat oder nicht – ein guter Künstler macht auf jeden Fall weiter.

Diese Legenden werden auch vom arrivierten Künstler gern genährt: Der Gedanke, daß da irgendwo einer malt oder schreibt, der seinen Ruhm eher verdient hätte, ist ja gerade ihm nicht geheuer. Jawohl, die Zeit der verkannten Genies sei endgültig vorüber; heute gingen die Kunsthändler ja schon auf die Akademien, um den Nachwuchs unter Vertrag zu nehmen. Nein, Kritiken habe er sein Lebtag nicht gelesen, man wisse doch, daß alle diese Schreiberlinge Möchtegernkünstler seien. Ja, er selbst hätte auch unter den schlimmsten Bedingungen weitergemacht, er müsse einfach malen.

Totzdem liegt der Verdacht nah, daß die verkannten Künstler in Wahrheit Legionen sein müssen. Im Fall des unbekannten Künstlers wird es wohl ähnlich sein wie in dem des unbekannten Soldaten: Alle Kriegsabenteuer werden ja von Geretteten erzählt, und so entsteht dann der Eindruck, als seien Kriege zwar etwas Entsetzliches, aber mit etwas Glück dann doch Überlebbares, und auf alle Fälle das Aufregendste, das einem richtigen Mann passieren kann. Die toten Soldaten erzählen uns ihre Kriegsabenteuer nie.

Und auch in der Kunstgeschichte erfahren wir immer nur von den Genies, die nach hartem Ringen dann doch noch ihre Anerkennung fanden, oder von jenen, deren Werk man schändlicherweise erst nach dem Tod erkannte, obwohl doch dieser und jener darauf hingewiesen hatte. Und so hat man dann schließlich das Gefühl, daß gerade in den Künsten die wirklich exemplarische Leistung nicht untergehen kann: Die verlorenen Meisterwerke vermißt ja keiner.

Und man sollte dabei nicht nur an das Vermoderte denken. Auch jenes Werk, das gar nicht erst richtig erblühen konnte, gehört zu unseren Verlusten an Kultur. Wie viele Bilder hätte uns Vincent van Gogh hinterlassen, wenn er nicht jenen Heiligen zum Bruder gehabt hätte, der sowohl sein Genie erkannte als auch für seinen Lebensunterhalt sorgte? Auf welchem Dachboden wären diese wenigen Bilder gelandet, wie lange hätte es gedauert, bis einer sie verbrannte? Wieviel mußte sogar der Skandal seiner Selbstverstümmelung noch dazu beitragen, daß er uns heute im Bewußtsein ist? Wieweit sind überhaupt Skandale, die ja die einzige Möglichkeit des Künstlers sind, ohne das Wohlwollen der Kritik an ein breites Publikum zu gelangen, für die Auswahl des später als groß Bezeichneten mitverantwortlich?

Dabei geht es nicht darum, ob einer blaubepinselte Nackte über Leinwände rollt. Auch außerhalb der bildenden Künste beginnen Karrieren oft mit einem Eklat. Was wäre wohl aus George Bernard Shaws Dramatikerlaufbahn geworden, wenn der britische König Edward VII. beim Besuch von dessen Komödie ›John Bulls andere Insel‹ nicht so gelacht hätte, daß dabei sein Sitz im Court Theatre unter ihm zusammenbrach? Die Theaterkritik hat ihn dann zwar weiterhin bekämpft, doch nun hatte er die Aufmerksamkeit des Publikums. Wie groß wäre der Erfolg der Psychoanalyse, wenn Sigmund Freud seinerzeit mit seiner These vom kindlichen Sexualtrieb nicht das prüde Wien schockiert und etwa – wie später sein Schüler C. G. Jung – den kindlichen Eßtrieb für die Verwirrungen der Seele mitverantwortlich gemacht hätte? Gegen Essen hatten die Wiener ja nichts einzuwenden – wenn man mit jemand ins Bett wollte, traf man ihn im Séparée eines Restaurants.

Und wie steht es mit dem zweiten Vorurteil: Wie genau kann gerade ein guter Künstler erkennen, ob und wann er gut ist? Was für die übrigen Karrieren gesagt wurde, muß hier ja ebenfalls gelten: Je weniger Intelligenz einer hat, desto weniger bemerkt er den Mangel, desto selbstsicherer fühlt er sich. Wenn große Künstler zu den Phantasievollsten und Sensibelsten gehören, kann Selbstbewußtsein auf keinen Fall ihr Markenzeichen sein. Natürlich haben sie ein Konzept, natürlich vergleichen sie ihre Arbeit mit dem bereits Vorhandenen und schließen daraus, daß ihr Werk etwas Neues und daher nicht gerade Überflüssiges ist. Doch letzten Endes muß die eigene Leistung ja immer *normal* sein für den, der sie erbringt; als interessant und außergewöhnlich könnten sie nur die andern definieren. Der große Künstler hat es also mit dem »an sich selbst glauben« am schwersten. Er kann sich auch nicht »seinem Werk weihen«, denn damit wäre dann ja auch wieder er gemeint.

Und hier liegt das Problem. Je kritischer man mit sich ist, je klarer einem die Intelligenz die eigenen Schwächen vorführt, desto schwerer tut man sich mit dem Überzeugen der andern. Als Franz Kafka sich nach langen Jahren der Selbstzensur dann endlich entschloß, dem Verleger Ernst Rowohlt ein Manuskript anzubieten, entschuldigte er sich in seinem Begleitbrief quasi dafür: Er selbst fände es ja noch unvollständig, habe sich aber bemüht, seine Fehler bestmöglichst zu verbergen, und natürlich wäre er glücklich, wenn ihm die Sachen auch nur soweit gefielen, daß er sie druckte.[*] Falls Kafkas Freund und Mentor, der Schriftsteller Max Brod, den Verleger vorher nicht schon neugierig gemacht hätte, wäre jenes von soviel Selbstzweifel begleitete Manuskript vielleicht nicht einmal bis zu seinem Schreibtisch gelangt.

Denn leider ist es ja mit der Selbstsicherheit in der Kunst ähnlich wie mit der in der Liebe: Sie bringt Anhän-

---

[*] Erich Heller, Joachim Beug: Franz Kafka. Über das Schreiben. Frankfurt/M. 1983

ger. Wer sich im Kulturbetrieb selbstbewußt gibt, findet am schnellsten seine Claque; wer sich von der Kritik am wenigsten einschüchtern läßt, wird am meisten von ihr hofiert. Und natürlich wird diese Attitüde gerade denen am leichtesten fallen, die ohnehin nicht an sich zweifeln. Kann man sich Kafka auf einer Talkshow vorstellen, mit ansteckendem Gelächter die Geschichte des Gregor Samsa zum besten gebend? Oder bei einer Pressekonferenz auf der Frankfurter Buchmesse anläßlich des Erscheinens seines bestsellerverdächtigen Romanwerks ›Das Schloß‹? Müssen die auf diese Weise zusammenkommenden Auflagen nicht eher den Unsensiblen unter den Autoren vorbehalten bleiben?

Künstler, die den erforderlichen Glauben an die eigene Größe nicht besitzen, werden ihn daher zumindest vorzutäuschen suchen. Das kann so weit gehen, daß sie nun ebenfalls *nicht* auf Talkshows gehen und eben *keine* Interviews geben – wer weiß, vielleicht hält die Kritik sie dann für einen neuen Kafka? (Sie tut's.) Es ist sogar möglich, daß jene, die sich so verhalten, noch viel unsensibler sind als die mit den Signiertourneen: *Sie* glauben an ihr Werk, *sie* können warten; außerdem schreiben sie ohnehin nur für sich und ein paar sorgfältig ausgesuchte Freunde. Und zu dieser Elite gehört dann eben bald der eine oder andere Berichterstatter, der den »Geheimtip« weitergibt.

Doch eigentlich ist es nicht einleuchtend, wenn beispielsweise ein Dichter behauptet, die Kritiken zu seinem neuen Buch interessierten ihn nicht. Was sollte ihn mehr interessieren als das, was ein anderer – der *nicht* sein Freund ist – über das denkt, was ihm am meisten am Herzen liegt: seine Arbeit. Ein guter Künstler wird Kritiken höchstens aus Angst nicht lesen. Ein geschickt formulierter Verriß bestätigt ja seine schlimmsten Befürchtungen: Hat er nicht gewußt, daß seine Gedichte mittelmäßig sind? Nun ist er also entlarvt!

Das Lob berührt ihn auf eine ganz andere Weise: Er wird immer denken, daß er es eigentlich nicht verdient. Wenn es so aussieht, als ob der Erfolg den Künstler beflügeln würde – *nothing succeeds like success* –, kann es auch daran liegen, daß er von da an die Kluft zwischen dem eigenen Urteil und dem seiner Bewunderer durch immer mehr und größere Leistung zu überbrücken sucht. Für ihn selbst wird aber seine Arbeit trotzdem unvollkommen bleiben. Er weiß ja, daß er »nur mit Wasser kocht«, und wundert sich, daß das Publikum ihm immer wieder auf den Leim geht.

Und je früher sein Talent erkannt wird, desto größer ist seine Produktion. Abgesehen von seinem Genie, war dies der große Pluspunkt in Picassos künstlerischer Laufbahn: Er wurde schon mit sechzehn in die Kunstakademie Barcelonas aufgenommen und hatte sehr früh seine ersten Erfolge. Und als er dann mit fündundzwanzig einen neuen Stil riskierte und sein Händler, der damals marktbeherrschende Ambroise Vollard, ihn deshalb fallenließ und ihm öffentlich jedes Talent absprach, kam ihm ein glücklicher Zufall zu Hilfe: Der junge Henri Kahnweiler hatte gerade das Startkapital für seine Galerie zusammen, mochte die neue Manier und richtete das Malgenie wieder auf. Der Kubismus durfte stattfinden.

Denn vielleicht hätte sogar einer wie Picasso diesen für die gesamte Malerei so wichtigen Stilwechsel ohne Zuspruch nicht lange durchgehalten. Er war damals ja noch nicht der vor Selbstvertrauen strahlende Künstler, als der er nun in unserem Bewußtsein lebt. »Ich würde mich nicht wundern, wenn er sich eines Tages hinter dem schrecklichen Machwerk aufhängen würde«, sagte sein Freund, der Maler André Derain, wahrhaftig kein Konservativer. Das »schreckliche Machwerk« war das Bild ›Demoiselles d'Avignon‹, heute als wichtigstes Werk der kubistischen Malerei geschätzt.

Auch arrivierte Künstler scheinen sich jedoch in der Hölle allgemeiner Verdammnis nicht lange wohl zu fühlen. Als Woody Allen nach vielen brillanten Komödien ausgezeichnete ernste Filme drehte, waren die Kritiken so vernichtend, daß er zu seinen Komödien zurückkehrte, obwohl seine Bewunderung nach eigener Aussage unterdessen dem Drama galt. Und wir können nicht sagen »zum Glück«; wir wissen ja nicht, was wir nun statt dessen versäumen.

Entscheidend ist jedoch, daß Allen als Grund für diese Umkehr nicht die ökonomischen Zwänge der Filmindustrie anführt. Von seinem wundervollen Film ›Interiors‹ sagt er zum Beispiel, jener Film sei ein Mißerfolg gewesen, ja, doch auch er selbst fände ihn inzwischen nicht mehr so gut. Ein unsensibles Urteil kann also auch das Verhältnis des Künstlers zu einem gelungenen Werk zerstören. Wenn man allein gegen die andern steht, glaubt man eher ihnen als sich selbst und beginnt dann irgendwann, seine Arbeit mit ihren Augen zu betrachten. Denn sie bestätigen ja nur, was ein guter Künstler ohnehin immer von sich denkt: daß sein Werk nichts Besonderes sei und er lediglich versucht habe, seine Schwächen zu camouflieren. Auch Franz Kafka hätte an Woody Allens Stelle wohl so reagiert und vielleicht sogar der nach außen hin so selbstsichere Pablo Ruiz Picasso.

Der ideale Schriftsteller: telegen, schlagfertig, weiblich

Der Kunstbetrieb entscheidet also mit seinem Geschmack nicht nur darüber, welchen Künstler er aufsteigen läßt, sondern kontrolliert auch noch bis zu einem gewissen Grad das Werk des Arrivierten. Und natürlich kann auch das dritte der erwähnten Vorurteile nicht bestätigt werden: Nur der Sonntagsmaler wird auf alle Fälle weitermalen –, der »wirkliche Künstler« braucht ein Echo.

Bei Kunst handelt es sich ja immer um Botschaft: In einem dichterischen Vergleich, einer Tonfolge, einer Farbe, einer Linie drückt der Künstler aus, wie er die Welt empfindet und was er vom Leben hält. Und auch wenn unter einem Gemälde von Cézanne dann nicht steht, »um Antwort wird gebeten«, ist es doch so gemeint. Ohne die Untergrundbewegung der anderen Phantasievollen, die seine Mitteilung erwarten, begreifen, diskutieren, verwerfen, erweitern und gegebenenfalls sogar mit einem eigenen Kunstwerk beantworten, wird die Arbeit dem Schöpferischen dann irgendwann einmal sinnlos erscheinen. »Die Erschütterung der Luft wird erst Schall, wo ein Ohr ist«, sagt der Physiker Georg Lichtenberg. Wenn sich kein Empfänger findet, kann das Absenden von Signalen genausogut eingestellt werden: Wenn einem nicht wenigstens ab und zu ein Kritiker erklärt, daß man »etwas zu sagen« habe, verstummt man.

Dabei gibt es in den bildenden Künsten vielleicht noch am meisten Gerechtigkeit. Ein paar Bilder sind schnell gezeigt, und die Wahrscheinlichkeit, daß man unter den zur Beurteilung Gebetenen einen Verständigen findet, wächst mit der Zahl der Befragten. Bei den übrigen Künsten ist es mit Verständnis nicht getan; das Beurteilen bedeutet Arbeit und Zeitaufwand. Und auch die Zahl der möglichen Adressaten ist hier kleiner.

Wie viele Opernhäuser gibt es, die einem Komponisten ein Opernprojekt finanzieren könnten, und wie viele Künstler, die sich darum bewerben? Welcher einflußreiche Theaterregisseur liest schon wirklich die Komödie eines Unbekannten? Und wie könnte der es verhindern, gerade mit seinem ersten Stück – von dem vielleicht dann alles weitere abhängt – in die Hände eines Stümpers zu geraten? Wie viele Schauspieler gibt es in einer Stadt wie New York, und wie viele Rollen sind zu besetzen? Wie soll man einen Filmproduzenten davon überzeugen, daß man der richtige Cineast für sein Millionenprojekt wäre, wenn sich schon vorher niemand fand, der einen für ein paar Tausender jenen Kurzfilm drehen ließ, mit dem man nun sein Talent beweisen könnte?

Und wie hat wiederum jener Filmproduzent es fertiggebracht, die ja nicht gerade für ihre Phantasie berühmten Personenkreise wie Bankiers, Filmverleiher, Privatinvestoren, Bevollmächtigte von Fernsehgesellschaften und Videoketten davon zu überzeugen, daß sie ihm zum Erzählen eines Märchens ein paar Millionen Dollar zur Verfügung stellen? Wenn man Luis Buñuels Memoiren liest, wird einem schwindelig von all den Zufällen, die in seinem Leben stattfinden mußten, damit dann später ein Meisterwerk wie ›La voie lactée‹ entstehen konnte. Wie wird es wohl bei den anderen Großen gewesen sein, denen wir nun soviel verdanken? Und wie erst bei jenen, die mit ihrem Werk penetrant aus der Reihe allen Kommerzes tanzen? Wie fand zum Beispiel einer wie John Cassavetes (mit seinem Filmwerk wohl so etwas wie der Tschechow unserer Zeit) die Mittel für Filme wie ›Faces‹ oder ›Husbands‹? Wer finanzierte unkalkulierbare Exzentriker wie Andrei Tarkowski oder Nicholas Roeg? Wie viele Hindernisse standen wohl zwischen einer Anfängerin wie Chantal Ackerman und etwas so Seltsamem wie ›Toute une nuit‹? Wer ließ Jim Jarmusch ›Stranger than Paradise‹ machen? Wird Jacques Demy je wieder genug Geld für einen gesungenen Thriller haben? Wie arm wären wir ohne sie alle! Und wie viele ihrer Art sind wohl gescheitert?

Und wie steht es mit der großen Literatur, diesem vielrezensierten Kadaver? Wie viele Verlage kommen für den ersten Roman eines guten Schriftstellers heute noch in Frage? Und falls er diese Barriere hinter sich läßt: Wie groß ist seine Chance, in den einflußreichen Zeitungen so besprochen zu werden, daß er, anstatt der normalen dreihundert Exemplare, wenigstens dreitausend Stück seines Buches verkauft – die unterste Grenze dessen, was für den Verleger gerade noch tragbar ist, um es mit einem weiteren Werk dieses Autors zu versuchen.

Und wie wird er mit den Verrissen fertig, die dann nach der zweiten Veröffentlichung in der Regel erscheinen? Falls der Starkritiker nicht von vornherein für seine Kollegen schreibt, wird er dem Neuling beim ersten Buch ja meist seine Menschlichkeit beweisen wollen und beim zweiten dann seine Macht. Wie soll gerade ein außerordentliches Talent es fertigbringen, daß man es erkennt? Da ja das Maß an Phantasie, das ein Schriftsteller braucht, um seinen Kritiker zu beeindrucken, direkt proportional ist zum Maß an Phantasie, das jener selbst besitzt, wird die anerkannte Literatur eines Landes nie besser sein als ihr prominentester Rezensent.

Und falls dieser Neue, nennen wir ihn Joyce, seine Haft unter diesen verschärften Bedingungen dann trotzdem verlängern und auch noch mit einem dritten Werk beginnen möchte: Wovon könnte er sich während der Jahre, die er dafür bräuchte, mit Brot und Papier versorgen? Sogar anerkannte Autoren scheitern an dieser Barriere, gehen ins Verlagswesen, in den Buchhandel, in die Werbung... Nur ein Wahnsinniger oder ein wohlversorgter Hausmann könnte heute ein Großprojekt wie ›Ulysses‹ in Angriff nehmen. Ein wohlversorgter, wahnsinniger Hausmann wäre vielleicht die beste Kombination: Der würde dann auch nicht merken, daß es eigentlich schon längst keine Leser mehr gibt.

Als der New Yorker Verleger William Javanovich vor einigen Jahren seinem Verlag aus wirtschaftlichen Gründen eine Kette von Großantiquarien angliederte, erklärte er in der ›New York Times‹, er habe das Gefühl, daß in den Vereinigten Staaten nur noch die Großmütter Bücher läsen, und langsam bekomme er auch den Eindruck, es gebe keine Großmütter mehr. Er mußte es wissen. Denn als die Angehörigen der unteren Stände dann endlich lesen konnten, wurden sie bildersüchtig: Das Fernsehen war da – was ihnen die Fabrikbesitzer vorher mit der Linken geben mußten, können sie nun mit der Rechten wieder einstreichen.

Dafür brauchen sie zwischen die Werbespots für ihr Produkt lediglich eine jeweils zehnminütige Dosis jenes Stoffes einzubetten, aus dem seit jeher die Träume der Armen sind: Bilder vom Leben der Reichen. Zum Dank kaufen die Süchtigen jenes Auto, das ihnen den Trip gesponsort hat, und wenn sie dann am nächsten Tag darin zur Arbeit fahren, denken sie über das nach, was sie gesehen haben, und überlegen sich, wie es wohl weitergeht ... Die Zeit der großen Gleichheit von Arm und Reich konnte also dank des Fernsehens doch noch beginnen: Wo die Gesetze es erlauben – und das ist im größten Teil der westlichen Welt –, machen die Besitzenden die Besitzlosen nun genauso stumpf, wie sie es selber schon sind. Wo ihnen das Mischen mit Werbung einstweilen noch untersagt ist, verhökern sie ihren Stoff pur und en gros: Da sind die lieben Fernsehzuschauer dann gleich eine dreiviertel Stunde lang high. Das Lesen brauchen sie jetzt nur noch für das Fernsehprogramm.

Ein Schriftsteller, der potentielle Käufer für seinen neuen Roman interessieren möchte, muß sich also heute auf dem Bildschirm zeigen. Entweder gleich nach den Nachrichten – *Sie haben genau zwei Minuten, sprechen Sie* – oder spät in der Nacht, wenn er die Werbung nicht stört und mit seinem Gestotter keinen mehr langweilen kann. Wenn einige Zuschauer das Gerät dann trotzdem eingeschaltet lassen – vielleicht, weil sie sich vorher wegen der Wahl zwischen ›Denver‹ und ›Dallas‹ stritten und sich nun davor fürchten, miteinander ins Bett zu gehen, oder weil es sich bei dem Geladenen um einen telegenen weiblichen Autor handelt (Frauen sind ja das einzige, was Männer *und* Frauen interessiert), dann kann es sogar geschehen, daß er mit der Zeit so berühmt wird, daß man ihn auf der Straße erkennt. Aber eben doch wieder nicht so sehr, daß man seinen Roman lesen würde. Hat er nicht schon im Fernsehen erzählt, worum es sich handelt?

Dies ändert sich erst, wenn das Werk eines Tages verfilmt wird: Nun sind es ja *Bilder*. Und nun möchte man es wirklich einmal ganz genau wissen: Ist Meryl Streep dann später wieder nach Afrika zurückgegangen?

Ein Denkmal für den unbekannten Künstler wäre also gar nicht so unangebracht. Auch er ist ja ein Opfer der Dummheit: seiner eigenen meist, aber eben manchmal auch der der anderen. Und ob er nun ein guter Kämpfer gewesen ist oder nicht – auch er hat seine Schlacht irgendwie mit dem Leben bezahlt. Selbst wenn seine Umgebung der Meinung ist, er sei bloß »erledigt«: Zum großen Schriftsteller habe es eben doch nicht so ganz gereicht.

Je sicherer die Meinung, desto beschränkter
der Gutachter

Kehren wir jedoch zu den bildenden Künsten zurück. Die Dummheitsbarrieren, die zwischen dem Künstler und seinem potentiellen Publikum errichtet sind, werden hier vielleicht eher ersichtlich als im restlichen Kunstbetrieb.

Die erste dieser Barrieren muß der Talentierte schon beim Eintritt in die Kunstakademie überwinden. Die Namen jener Großen, die hier beinah gescheitert wären, stehen in den Lexika. Von jenen, die wirklich scheiterten, erfahren wir nichts. Auch die Mittelmäßigen, die an ihrer Stelle zum Studium zugelassen wurden, sind nicht aufgeführt. Sicher ist nur, daß die Professoren bei dem einzigen dieser Art, den sie unbedingt hätten aufnehmen müssen, ebenfalls versagten: Vielleicht hätte die Wiener Kunstakademie mit dem jungen Adolf Hitler einen Untalentierten mehr gehabt, doch sie hätte die Welt gerettet.

Das nächste Hindernis ist dann für den Künstler vielleicht schon der Händler. Der Kunstverstand der marktbeherrschenden Galeristen muß natürlich von Fall zu Fall verschieden sein; sicher ist aber, daß sie in der Regel keine eigenen Kunstwerke erschaffen und daß sie es ertragen, inmitten dieser provozierenden Welt der Formen und Farben zu existieren, ohne je selbst zum Pinsel zu greifen. Und sicher ist auch, daß sie sich in ihrem Beruf leichter tun, wenn sie nicht über allzuviel Geschmack verfügen.

Das Talent zum Malen ist vielleicht die am meisten verbreitete schöpferische Fähigkeit. Die Bilder von Kindern und Geisteskranken zeigen uns schon immer, wie viele potentielle Größen gerade hier vorhanden wären. Und dank zunehmender Bevölkerungszahl muß es schon aus statistischen Gründen zu einem sprunghaften Zuwachs an faszinierenden Talenten gekommen sein. Man muß nicht so weit gehen wie der liebenswürdige Joseph Beuys und behaupten, daß jeder Mensch ein potentieller Künstler sei: Selbst wenn von den Akademieabsolventen nur jeder tausendste ein Künstler wäre, würde das Überangebot herrlicher Bilder noch immer die hohen Kunstmarktpreise sabotieren. Außer den Verkannten selbst kann also keinem der am Kunstgeschäft Beteiligten daran gelegen sein, daß *jeder* große Künstler entdeckt wird.

Kleine Galeristen können es sich eventuell noch leisten, bei der Auswahl ihrer Artisten nach der Phantasie zu gehen und sich alle paar Wochen für neue Talente zu begeistern. Wenn die Bilder auch den hier vorzugsweise verkehrenden anderen Phantasievollen gefallen, verkaufen sie vielleicht (auf Raten) das eine oder andere Werk, können ihre Miete zahlen und auch die Künstler für ein paar Wochen über Wasser halten. Vom finanziellen Standpunkt wird diese Politik für den von der Kunst betörten Galeristen aber auf jeden Fall ein Verlust. Falls der von ihm Entdeckte dank eines Wunders Erfolg hat und sein Marktwert steigt, geht er bei erster Gelegenheit zu einem jener mächtigen Galeristen, der ihn zu Beginn seiner Karriere wohl auf keinen Fall genommen hätte, nun aber »mehr für ihn tun kann«.

Aus diesem Grund werden die kleinen Galerien oft

schon von vornherein von Leuten geführt, für die das Finanzielle keine so große Rolle spielt: Damen der Gesellschaft, die sich mit der zeitgenössischen Kunst befassen, weil sie ja irgend etwas machen müssen und weil der Umgang mit den Meistern sie ganz besonders amüsiert. Der talentierte Maler kommt also mit seiner Mappe oft schon in allererster Instanz zu einer jener Personen, die auf keinen Fall über Kunst entscheiden sollten. Der Teufelskreis seiner Karriere ist damit eingeläutet.

Für die Großfürsten unter den Galeristen wäre es aber erst recht gefährlich, wenn sie sich bei der Beurteilung eines Künstlers ihrem vielleicht doch vorhandenen Feingefühl überließen. Beim Entdecken eines neuen Künstlers braucht man keinen guten, sondern einen sicheren Geschmack: Je immuner man gegen das Kunsterlebnis ist, desto besser. Denn wenn man einmal beschlossen hat, einen bestimmten Hungerleider zum Großverdiener aufzubauen, ist es wichtig, daß man sich nicht schon drei Wochen später durch die Entdeckung eines neuen, noch größeren Talents von diesem ersten wieder abbringen läßt. Und daß man sich in seinem Glauben auch nicht durch das zunächst stets zu erwartende Gespött der Umwelt – *Graffiti sind nun auch schon Kunst!* – beirren läßt. Ein großer Kunsthändler hat stets zuerst Händler und erst dann Liebhaber der Kunst zu sein. Je weniger er seiner aufregenden Ware verfallen ist, desto leichter kann er sich von ihr trennen und desto weniger schmerzt es ihn, sie in den Häusern der Falschen zu wissen.

Dem Stargaleristen geht es also vor allem darum, aus der Fülle des Angebots talentierter Künstler einen für die eigenen Zwecke geschaffenen Kandidaten – auf die Kriterien kommen wir zurück – herauszugreifen und systematisch aufzubauen. Früher, als die Verständigung zwischen den Kontinenten noch umständlicher war, konnten ihm dabei trotz aller Entschlossenheit Pannen unterlaufen. Doch gerade in den letzten zehn Jahren hat der Kunsthandel diesen Bereich organisiert und handelt im Konzert. Man einigt sich auf die Künstler, die man fördern will, und schaukelt dann mit der Technik von »networking« und »pressure« zielstrebig deren Preise hoch: Läßt die richtigen Leute in den richtigen Zeitungen über die

Neuentdeckung schreiben (sinnvollerweise besteht hier das Honorar oft in einem Kunstwerk des zu Lobenden), läßt Ausstellungen an den richtigen Orten arrangieren, empfiehlt den Geheimtip an die progressiveren Klienten und läßt bei den anderen diskret verlauten, in welchem *townhouse* der Vielversprechende bereits hängt. Und mit etwas Glück ist der dann schon nach ein paar Monaten »umstritten« und nach einem Jahrzehnt mitunter so vermögend wie jener, dessen Dachterrasse er nun ziert.

Je kompletter die Kollektion, desto phantasieloser der Museumsleiter

Denn sobald der Künstler mit seinem Werk in den Häusern vieler Reicher vertreten ist und seine Preise eine bestimmte Schallmauer durchbrochen haben, kommen dann die Museumsdirektoren und treiben den kommerziellen Wert noch einmal hinauf: Sie nehmen das Geld der Steuerzahler und kaufen für ein Vermögen eines jener Bilder, die vorher in der kleinen Galerie an der Ecke noch für ein paar Tausender zu haben waren.

Und nun beginnen auch die Vorsichtigeren unter den Sammlern, in die Neuen zu investieren. Die Aufnahme ins Museum hat ihre letzten Bedenken zerstreut; sie zahlen zwar nun das Doppelte wie vor der Heiligsprechung, sind dafür aber auch doppelt so sicher, daß sie das Richtige kaufen. Und auch die Stadtväter müssen nun zähneknirschend bei dem Künstler ordern: Schließlich ist sein Werk im städtischen Museum.

Und obwohl die späte Anschaffung sein knappes Budget so unangemessen belastet, tat auch der Museumsleiter recht daran, sich mit der Krönung des Neuen Zeit zu lassen. Wie hätte er erraten können, daß sich der Großkunsthandel ausgerechnet für diesen Künstler entscheiden würde? Wie sollte er wissen, welche Richtung, Gruppe, Nation die ausschlaggebenden Leute favorisieren und ihre Klienten dann tatsächlich kaufen würden? Die Graffiti-Kunst zum Beispiel lag natürlich in der Luft. Andererseits sind aber die New Yorker Subway-Wagen nun schon seit zehn Jahren mit diesen exotischen Bemalungen unterwegs, ohne daß bis dahin jemand auf die Idee gekommen wäre, deren phantasievolle Schöpfer ans Licht der schicken Galerien zu holen.

Der Museumsdirektor hat also ein ähnliches Problem wie der Großgalerist. Natürlich ist es möglich, daß er neben historischer Bildung auch über Phantasie verfügt. Aber eigentlich ist es für jene, deren Gelder er verwaltet und die dafür einen repräsentativen Querschnitt durch das Zeitgenössische von ihm wünschen, von größerem Vorteil, wenn der Leiter ihres Museums kein allzu ausgeprägtes Gespür für die Werke der zeitgenössischen Kunst besitzt. Wenn er aufgrund seiner kunstgeschichtlichen Bildung erkennt, was schon da war und was nicht, und den Jargon beherrscht, mit dem das jeweils Neue zu verteidigen und historisch einzuordnen ist, ob es also als »neu-wild« oder »abstrakt-expressionistisch« in den Katalog gehört... Ein Übermaß an eigenem Geschmack könnte einen solchen Mann ja höchstens dazu verleiten, sich mit allen ihm zur Verfügung stehenden Druckmitteln für Zeitgenossen einzusetzen, die ihm selber imponieren, und die anderen maßgeblichen Leute so lange zu ignorieren, bis sie wirklich in jedem anderen Museum hängen. Ihre Preise wären dann für ihn und die Bürger seiner Stadt endgültig unerschwinglich.

Denn gleichgültig, wie herrlich die von ihm selbst entdeckten Werke wären: Die Mehrheit der Leute kommt ja nicht ins Museum, um atemberaubende Neuigkeiten zu entdecken. Dies wäre eher in den Ausstellungen für Nachwuchskünstler oder den Galerien der kunstvernarrten Außenseiter möglich. Sie kommen, um sich über das Anerkannte zu informieren und jemand zu werden, der »etwas von Kunst versteht«. Sie wollen sehen, wovon man redet, um mitreden zu können.

Und die Kunst, von der man redet – die oft auf so skandalöse Weise kunstlos wirkenden Werke mit den Rekordpreisen, von denen der Spießer nicht müde wird zu versichern, daß er »keinen Penny« dafür gäbe –, ist eben die, die bei den oberen Hunderttausend hängt. Wie in der Musik haben auch hier ihre Vorlieben Modellcharakter für die vielen, die später einmal dazugehören möchten. Wenn sie klassische Musik hören, gehen die Aufsteiger in die klassischen Konzerte. Wenn sie zeitgenössische Maler und Bildhauer favorisieren, informieren sie sich über zeitgenössische Kunst.

Solange die amerikanischen Bankiers Jasper Johns kaufen, wollen ihre Abteilungsleiter in den amerikanischen Museen nicht die Bilder einer Barbara Johns betrachten, auch wenn diese noch so sensationelle Flaggen malte. Wenn deutsche Manager in Penck und Baselitz investieren, kann man in deutschen Museen anstatt ihrer nicht Herrn Schmidt und Frau Müller brauchen. Wie soll man beim nächsten Vorstellungsgespräch »oh, ein Jasper Johns!« rufen, wenn man noch nie ein Original gesehen hat? Darf man immer »aha, ein Baselitz« sagen, wenn ein Bild auf dem Kopf hängt? Ist alles, was sich bewegt, ein Tinguely?

Man sieht also, wie auch hier der Zauber der Phantasielosigkeit verläßlich funktioniert: Die Geschmacklosen dekretieren scheckschreibend, was Geschmack ist, und auf jeder einzelnen Stufe des Kunstbetriebs wird ihre Entscheidung dann bestätigt und der Wert ihres Besitzes noch einmal hochgetrieben. Die Museumsleute empfehlen die von ihnen favorisierten Künstler an Biennalen und »documentas« und zeichnen als Vorsitzende von Kunstpreiskomitees dann wieder jene aus, in die sie selber investieren. Die Auktionshäuser legen daraufhin ihre Schätzpreise noch ein wenig höher an, die Händler verlangen für ihre Entdeckung noch ein wenig mehr.

Und nicht nur für die aufsteigende Mittelschicht, auch für die kleineren Galeristen und die Nachwuchskünstler wird die auf diese Weise anerkannte Kunst dann schließlich zum Vorbild. Der erfolglose Maler kommt ins Museum, betrachtet nachdenklich ein Bild des Farbfeldmalers Stella: Das ist es also, wofür sie zahlen? Na gut, das können sie auch bei ihm bekommen! Der noch zaudernde Gymnasiast kommt her, um sich Mut für die Künstlerkarriere zu holen: Wenn sie sagen, daß es heute keine verkannten Genies mehr gibt, muß es wohl stimmen – sieht man nicht, daß sie *alles* ins Museum stellen? Der Zeichenlehrer kommt mit seiner Klasse, zeigt den verblüfften Kindern die signierte Suppendose und den Filzanzug. Und als die Arbeiter dann wieder einmal ein neues

Kunstwerk mit seiner Verpackung verwechseln, ist das Gelächter so groß, daß man den Rücktritt des Direktors fordert: Ein internationales Expertenteam reist an und lobt ihn in den Himmel, und er bleibt. Warhols poetische Sentenz, daß alles Kunst ist, gilt also zumindest für alles, was im Museum hängt.

Und wenn der geplagte Museumsleiter sich dann eines Tages in den Ruhestand begibt, sind seine Verdienste um das Zeitgenössische sogar von seinen Gegnern anerkannt. Die Objekte, auf deren Ankauf er gegen ihren Protest immer wieder bestanden hatte, wären inzwischen zwanzigmal so teuer. Wie schwer wird es sein, für diesen wagemutigen Mann einen würdigen Nachfolger zu finden.

Warum uns Modigliani keine Giraffe hinterließ

Ob unter der Vielzahl an Talenten ein ganz bestimmter Künstler das Rennen macht – ob es ihm gelingt, einen der international maßgeblichen Kunsthändler dazu zu bringen, die angestrebte Gewinnmaximierung ausgerechnet von ihm zu erwarten –, hängt von folgenden Faktoren ab:

a) *Zufall:* Zum Beispiel kann ein wichtiger Händler, auf der Zuflucht vor einem Schneesturm vielleicht, die winzige Galerie betreten, in der der Künstler mit sechsunddreißig Jahren jene lang ersehnte Einzelausstellung hat, die auch ihrerseits wieder einem Zufall zu verdanken ist: Die Freundin eines Freundes, Erbin einer Möbelfabrik, hat nach einer persönlichen Krise auf Anraten ihres Psychiaters eine Galerie eröffnet. Obwohl sie zu seinen großformatigen Goldfischgemälden eigentlich »kein Verhältnis« hat (sie mag überhaupt keine Fische), gibt sie ihm eine Chance: Sie hat dann immerhin den ersten Schritt in ihr neues Leben getan.

Natürlich kann es auch passieren, daß derselbe Händler ganz bewußt auf Talentsuche eine Sammelausstellung von dreihundert Nachwuchskünstlern besucht und seine Begleiterin ausgerechnet in dem Saal, in dem das Bild jenes Künstlers hängt, den Verlust eines ihrer Ohrklipps feststellt. Während sie sucht und der Händler wartet, fällt sein Blick auf das in der neuen Manier des abstrakten Realismus gemalte Goldfischbild, das ihn zunächst nur anheimelnd an das Aquarium seiner Kinderzeit erinnert. Er läßt dem Künstler mitteilen, daß er gewillt sei, sich weitere Arbeiten von ihm anzusehen.

b) *Biographie:* Zu dem Zeitpunkt, da dieses Wunder geschieht, ist der Maler unter vierzig, lebt in einer der Kunstmetropolen und kann durchschnittlich alle sechs Wochen ein neues Bild liefern. Schon zehn Jahre später wäre er wohl nicht mehr so bedenkenlos gefördert worden: Nach Eintritt des Erfolgs sollen von einem Künstler ja noch viele Objekte zu erwarten sein. Ein Sechzigjähriger, der alle drei Jahre ein Gemälde freigibt, wäre also für die Bedürfnisse des Kunsthandels denkbar ungeeignet. Und schon gar nicht tragbar wäre ein, wenn auch noch so schnell produzierender, achtzigjähriger Genialer: Man müßte vielleicht schon fünf Stunden nach dem Verkauf seines ersten Bildes eine Schweigeminute für ihn einlegen, weil er den unerwarteten Erfolg nicht verkraftet hat. Auch ein talentierter Eskimo hätte im Kunsthandel keine Chance: Bis zum Ruhm sollte der Künstler dort leben, wo der Händler ist, und dieser dort, wohin die Reichen kommen. Das erste Kunststück des meist mittellosen Künstlers besteht also darin, sein Atelier da zu mieten, wo es am teuersten ist.

Was wäre wohl aus Braque, Léger, Gris oder sogar Picasso geworden, wenn sie nicht in Paris und somit in Reichweite des Händlers Kahnweiler gelebt hätten? Wären an ihrer Stelle vier andere von ihm entdeckt und dann mit sicherer Hand gemanagt worden? Und wie heißen die vier unbekannten Genies, um die uns die vier bekannten durch ihre Anwesenheit am Tatort nun »betrogen« haben?

c) *Persönlichkeit:* Erst eine Woche später ruft der Goldfischmaler bei dem Stargaleristen an: Er habe leider im Augenblick keine Zeit, er müsse verstehen... Da der Händler solches von unbekannten Künstlern nicht gewöhnt ist – und ihn auch die Goldfische nicht ganz losgelassen haben –, kommt er ins Atelier. Daß der Künstler ihn kaum beachtet, erleichtert ihm die Entscheidung: So sind sie dann ja im Glauben an dessen Begabung schon zu zweit.

d) *Stil:* Ausschlaggebend ist für den Händler aber, daß da noch viele andere Goldfischbilder an den Wänden stehen, jedes auf seine eigene Weise verblüffend, jedoch in der gleichen Manier und im gleichen ungewöhnlichen Gelbton gehalten. Dies ist ja das Allerwichtigste bei der Kunst: Der zu Fördernde muß etwas haben, das dem künftigen Sammler das sofortige Wiedererkennen ermöglicht. Natürlich kann das nicht bedeuten, daß dieser Mann nun zeit seines Lebens zum Malen von Goldfischen verurteilt bliebe. Solange da nur irgendwo ein Goldfisch schwimmt, kann er auf seinen Bildern auch jede andere Art von Fischen zeigen. Und später, in einer nächsten »Periode«, kann er zu Stilleben oder sogar zu Porträts übergehen. Er darf nur nicht vergessen, dem jeweils Abgebildeten einen Goldfisch beizufügen. Wenn er diese Regel befolgt, wird der Sammler ihm trotzdem die Treue halten. »Oh, ein Goldfisch«, wird er sich sagen, »... dann kann das also nur ein XY sein!«

Und diese kleine Rücksicht ist wohl nicht zuviel verlangt. Nicht nur der Schöpfer, auch der Betrachter braucht ja sein Erfolgserlebnis. Ohne unverwechselbare Handschrift keine Käufer: Wie soll ein Besucher »Oh, ein Rothko« rufen, wenn der Künstler alle paar Monate etwas anderes malt? Wie soll der Gastgeber zeigen, daß er geschmackvoll, vital und risikofreudig ist? Wie kann er seinem Gast seine Solvenz beweisen – soll er sich vielleicht seinen Kontoauszug über den Schreibtisch hängen? Nicht einmal drei Senkrechtstreifen sieht man bei diesem Rothko gern: Er soll sich lieber um die drei waagerechten Streifen kümmern. Für das Senkrechte findet sich dann schon ein anderer. Er fand sich.

Und auch für die restliche Geometrie fand man die jeweiligen Meister. Nicht nur für diese: Jede Form, jede Farbe, jede Materie bekam ihren Spezialisten. Und wenn sich ein Neuer, und sei es noch so gekonnt, an dessen Königreich vergriff, traf ihn der Bann der Kunstkritik:

Epigone! So gingen etwa das Quadrat an Mondrian, die Spirale an Stella, die Perspektive an Bacon, das Weiße an Nevelson, das Blaue an Klein, das Gesprenkelte an Francis, das Hohle an Moore, das Volle an Brancusi, das Gegipste an Segal, das Filzige an Beuys, das am Boden stehende Bewegliche an Tinguely, das von der Decke hängende Bewegliche an Calder und so weiter.

In den USA, wo es die meisten reichen Leute und somit auch den aktivsten Kunstmarkt gibt, war bald auch der Alltag in festen Künstlerhänden. Die Flagge gehörte ohnehin schon Johns, die Comic-Hefte gingen nun an Lichtenstein, der Hamburger und der Hot dog an Oldenburg, der Swimmingpool an Hockney, das Badezimmer an Wesselman, das Auto an Chamberlain, die Filmstars an Warhol (über Suppendosen und Waschpulver verfügte er schon), die Geschminkte nahm De Kooning, die eher Brutale Lindner, und die Hausfrau war ohnehin im Aussterben begriffen. Mit seinen Fischen hat unser Künstler also Glück gehabt, denn gerade die Tiere waren längst vergeben: Max Ernst hatte die Vögel, Franz Marc die Pferde, Marc Chagall den Esel ... Eigentlich hätte er sich also erkundigen müssen, ehe er sich eine so wenig originelle »Besessenheit« gestattete.

Doch vielleicht hatte er sich sogar erkundigt und dabei nicht nur erfahren, daß zumindest die Goldfische noch zu haben waren, sondern auch erkannt, daß sich seit Marcel Duchamp kein Künstler auf dem Kunstmarkt halten konnte, wenn er im Lauf seines Künstlerlebens immer wieder das machte, was ihn von seinem Wesen her eigentlich am meisten reizen müßte: immer wieder etwas Neues.

Dies wäre für ihn allerdings gar nicht so leicht festzustellen gewesen. Auch jene Genialen, die erst nach dem Tod zu Ruhm gekommen sind, haben uns ja ein ziemlich uniformes Œuvre hinterlassen: Modigliani etwa sein Langgestrecktes, Gauguin sein Exotisches. Ist dies nicht der Beweis, daß die Besessenheit für ein bestimmtes Thema das Charakteristikum des großen Künstlers ist, daß das Festhalten an einer bestimmten Technik nichts mit Kommerz zu tun hat, sondern von innen kommt?

Aber so einfach kann es gerade hier nicht gewesen sein.

Ganz bestimmt liegt ein Thema dem Künstler näher als das andere, und solange er eine bestimmte Technik nicht beherrscht, wird sie ihn sicher faszinieren. Doch wenn das Festhalten am Stil die Voraussetzung für den Erfolg am Kunstmarkt ist, können uns gerade die Genies, die immer wieder etwas Neues machten, nicht überliefert sein: Sie haben sich nicht »durchgesetzt«. Und Künstler wie Modigliani oder Gauguin hatten für ihre Konsequenz leider viel handfestere Gründe als eine Obsession für Frauen mit langen Hälsen oder brauner Haut.

Gerade sie, die in bitterer Armut lebenden Künstler, suchten das Erkanntwerden durch den Stil. Sie wußten, wer die sind, die für Kunst bezahlen können, und wußten auch, daß das Entziffern der Signatur in deren Kreisen nicht zum guten Ton gehört: Der Kunstlakai hat dafür zu sorgen, daß die Herrschaft ihn erkennt. Da Modigliani mit den schönen langen Hälsen etwas ganz »Eigenes« gefunden hatte, hätte er schon aus ökonomischen Gründen dabeibleiben müssen.

Und auch hier war er dann noch gebunden. Vielleicht haben ihn tatsächlich die Giraffen nicht fasziniert, doch wenn es so gewesen wäre, hätte er trotzdem beim Malen von Frauen bleiben müssen. Ein Frauenporträt kauften sie vielleicht eines Tages bei einem Unbekannten, eine gemalte Giraffe wohl nie. Später, nach dem Erfolg, konnte er dann ja immer noch Giraffen malen.

Die gleiche, hier so überspitzt formulierte Erklärung gäbe es im Fall Gauguin. Sicher hätte er auch in der Südsee zuweilen gern etwas anderes gemalt. Doch die stetige Variation des einmal erwählten Exotinnenthemas, die charakteristische Farbkombination waren seine letzte Hoffnung, aus dem inzwischen so verhaßten Paradies als etablierter Maler zurückzukehren. Sein Händler Vollard protegierte gerade diese Bilder (und war es nicht derselbe Mann, der Picasso bei seinem Wechsel zum Kubismus fallenließ?). Angesichts einer blumengeschmückten Exotin mußten die Herren und Damen der Pariser Gesellschaft »Ah, ein Gauguin!« rufen können. Gerade ein so verzweifelter Maler wie er konnte sich das Wohlwollen des Kunstmarkts nicht verscherzen, selbst wenn er noch nicht einmal dazugehörte.

Und als es dann soweit war und die Saat aufging, war er schon nicht mehr am Leben. Doch falls er während der Jahre selbstgewählter Verbannung einmal Frauen, dann Fische, dann das Meer oder den Sternenhimmel gemalt hätte – mit unterschiedlicher Technik womöglich! – wäre er auch nach seinem Tod nicht bekannt geworden. Die anderen Maler wissen dies und verschwenden darum einen guten Teil ihrer Phantasie an die Kunst, ihre Vorstellungskraft im Zaum zu halten.

Je konstanter der Stil, desto korrupter der Maler

Wenn man also behauptet, Kunst sei das einzige Gebiet, wo die Dummheit nicht siegen kann (unterscheidet nicht gerade seine Vorstellungskraft und sein Einfühlungsvermögen den Künstler von den anderen Menschen?), wird dies nur teilweise stimmen. Abgesehen von seiner »Persönlichkeit« und seinem Talent, zur rechten Zeit am rechten Ort zu sein, ist es natürlich schon die Phantasie, die den Künstler zur Spitze bringt. Doch wenn er dann dort ist und sich halten will, ist gerade sie ihm im Weg. Denn in der Regel kann er nur dann auf den Bestsellerlisten des Kunstmarkts bleiben, wenn er sich selbst kopiert und immer wieder das herstellt, womit er berühmt wurde und was nun folglich von ihm erwartet wird: ein neuer Miró, ein neuer Chagall, ein neuer Moore, ein neuer Calder... Er malt also anstelle von Bildern seine vielbewunderten Wandaktien und modelliert anstelle von Skulpturen jene Goldbarren, die nun auch der Beschränkteste auf den ersten Blick als *seine* erkennt.

Und natürlich gilt diese brutale Regel nicht nur für den Oberschichtkünstler, sondern auch für den, der die Unterschicht bedienen will: Sobald ihm Ruhm oder Geld (oder beides) wichtiger werden als die Mitteilung, hat er nicht mehr die Phantasievollen zum Publikum, sondern die andern und ist mehr oder weniger zur Variation dessen verdammt, was ihm ein bereites Publikum brachte. Der Komponist produziert Hits, der Filmregisseur Kassenschlager, und der Schriftsteller schreibt jene Bestseller zu »seinem« Thema, die »sein« Leser von ihm erwartet.

Und wenn hier das Ausscheren schon im eigenen Revier kaum erlaubt ist, wäre das Ausweichen auf ein anderes Gebiet der Kunst ruinös. Trotz Michelangelos herrlichem Beispiel und trotz der Wahrscheinlichkeit, daß die Kreativität eines Künstlers sich unmöglich im Malen von Streifen erschöpfen kann, ist es seither kaum jemandem gelungen, sich in mehreren Kunstdisziplinen zu etablieren. Wenn Henry Miller Bilder malt und Picasso Theaterstücke schreibt, hat dies von vornherein mit einem Augenzwinkern zu geschehen: Glaubt ja nicht, daß ich mich hier ernst nehme, das ist lediglich ein Zeitvertreib.

Nachfrage und Angebot: Vor dem Ruhm klammert der Künstler sich an eine Spezialität, weil er hofft, dadurch bekannt zu werden, und nachher klammert er sich daran, weil er fürchtet, daß man ihn wieder vergessen könnte. Die Konsequenz des Stils seiner »frühen Periode« steht also meist in direkter Beziehung zur materiellen Verzweiflung, in der er sich zu dieser Zeit befindet, die der späteren dann in direkter Beziehung zu seiner Sucht nach dem üblichen *Mehr*: noch mehr Ruhm, noch mehr Geld. Wenn ihn die Kollegen mit ihren Erfolgen überflügeln, wird er von Existenzangst geplagt. Seine größte Sorge ist, daß er bei einer wichtigen Auktion »versagen« könnte. Lieber läßt er mitbieten.

Und bald muß er nun seine Phantasie auch nicht mehr zähmen, wenn er seine hochgehandelten Abziehbilder produziert: Dank jahrelang geübter Zurückhaltung versiegt sie wie von selbst. Wenn er behauptet, daß alles, was in der Malerei nach ihm gekommen ist, keine Kunst mehr sei, blufft er nicht: Zum Erkennen des – stets vorhandenen – Neuen reicht seine Intelligenz nun nicht mehr. Dummheit ist ja nicht angeboren, sondern erlernt (es gibt, wie gesagt, keine phantasielosen, unsensiblen Kinder). Ein erfolgreicher Künstler, der seine Millionen nicht gleich wieder weiterreicht an jene, deren Anblick er früher kaum ertragen konnte, wird sich mit seiner Einfühlungskraft und seinem Vorstellungsvermögen irgendwann auf dem Niveau seiner reichen Kunden befinden: Er hört nichts, sieht nichts, spürt nichts und findet die Stippvisite ins Armenviertel *(slumming)* nun vielleicht sogar »anregend«. Da ihn aber alle Welt für einen großen

Künstler zu halten scheint – heißt es nicht, er sei einer der kreativsten Menschen seiner Epoche? –, kann er von seiner Verdummung noch weniger ahnen als die, die ihm das frischgemalte Œuvre aus den Händen reißen. Je weniger Phantasie ihm bleibt, desto weniger merkt er den Mangel.

Es handelt sich hier also um die Umkehrung jenes als Achillesferse des Woody Allen beschriebenen Phänomens. Dort kehrt der Künstler zu seinem Stil zurück, weil er unter dem Druck der Umwelt an seiner Arbeit zu zweifeln beginnt *(einer gegen alle)*, hier bleibt er dabei, weil ihn die Umwelt dermaßen bestätigt, daß ihm der Zweifel am Wert seiner Arbeit unmöglich wird *(alle für einen)*. Und leider kann ihm dies sogar unter den Phantasievollen eine »Gemeinde« sichern. Seine Dummheit macht nicht nur den Geliebten »göttlich«, sondern auch den Künstler.

Monsieur Thyssen und die anderen

Die Frage nach dem Wahrheitsgehalt der Kunstpassion der Vermögenden ist so einfach zu beantworten wie die nach der Leidenschaft hübscher junger Mädchen für Herren mit grauen Schläfen. Wenn junge Frauen sich wirklich von alten Männern angezogen fühlten, müßte es doch zuweilen auch vorkommen, daß ein entzückendes Millionärstöchterchen, und sei es gegen den Willen der Eltern, einen armen alten Rentner heiratet. Doch davon hat noch keiner gehört: Bei solchen Leidenschaften ist immer entweder das Geld oder viel Sozialprestige auf der Seite des Alten, und der Arme ist stets der Junge.

Dies gilt wohl auch für die Kunstbesessenheit der reichen Sammler: Falls es ihnen nicht um den Preis, sondern um den Wert der Kunstwerke ginge, müßten sie sich doch, geblendet von der Schönheit eines bestimmten Gemäldes, auf den Auktionen zuweilen auch wegen eines bis dahin weitgehend unbekannten Künstlers überbieten: »Ein Selbstporträt von Johnny Smith für eine Million Dollar an Getty«, stünde dann am nächsten Tag in unserer Zeitung. Doch so etwas liest man nie: Diese Liebhaber alles Schönen scheinen sich immer nur um die Selbstporträts van Goghs oder Beckmanns zu raufen.

Dennoch legen sie in etwaigen Interviews stets Wert auf die Feststellung, daß sie sich bei der Auswahl allein nach ästhetischen Prinzipien richten, und zwar nach ihren eigenen. Dies sagt auch Hans Heinrich Thyssen, Enkel des Begründers der gleichnamigen Stahldynastie, Baron, Wahlschweizer und Besitzer der größten privaten Kunstsammlung der Welt (falls uns der halbverhungerte Modigliani tatsächlich eine Giraffe hinterlassen hätte, wäre sie jetzt wahrscheinlich bei ihm): »Ich kaufe rein nach Instinkt«, versichert er, »rein nach der Nase. Und immer fehlt etwas! Das Wesen des Sammelns ist die Unerfüllbarkeit der Ziele.«[*] So mußte er unter dem Druck seiner Leidenschaft kürzlich von Tokio aus telefonisch bei Sotheby's, London, für drei Millionen Dollar ein Bild von Paul Gauguin ersteigern, denn »es läuft einem ja nicht jeden Tag ein Drei-Millionen-Dollar-Gauguin über den Weg«. (Und schon darum wünscht man sich von Zeit zu Zeit ein Jenseits: »Hier, mein Engel, flieg diese Nachricht zum alten Gauguin...«)

Übrigens besitzt der Baron Thyssen nur halb so viele Häuser wie die Baronin Rothschild, und sein Schloß befindet sich auch nicht in der Schweiz, sondern in England. In der Schweiz hat er nur ein Bergchalet und eine Villa über dem Luganer See. Den Wert seiner zum Teil vom Vater übernommenen Kunstsammlung schätzt er auf fünfhundert Millionen Schweizer Franken. Dies sei zwar die Hälfte seines Vermögens, doch die Investition habe sich gelohnt: »Es war das beste Geschäft meines Lebens.«

Das muß bei allen Sammlern ein traumatischer Punkt sein: Daß sie an ihrer Leidenschaft für die Kunst *verdienen*, betonen sie bei jeder Gelegenheit. Daß ein Reicher für ein Bild, das *ihm* gefiel, mehr bezahlt hat, als die anderen Reichen dann später dafür hinlegen möchten, ist hier die zweitgrößte Blamage: Da sieht man doch, daß dieser Mensch von Kunst keine Ahnung hat! Die größte Peinlichkeit ist jedoch der Ankauf eines betörenden Ge-

---

[*] In: Capital, Januar 1987. Übrige Zitate in: Bilanz, Nr. 8/1986

mäldes, das sich als Fälschung entpuppt: Über so etwas amüsiert man sich hier unter Umständen jahrelang.

Denn was echte Kunst ist, weiß ein solcher Sammler so genau, wie er weiß, wer ein echter Künstler ist. Die Frage, weshalb er neben dem Ankauf teurer Kunstwerke nicht zuweilen auch unbekannte Künstler unterstütze, kann der Sammler Thyssen zum Beispiel ganz präzise beantworten: »Welchen Künstler soll ich fördern? Einer, der etwas kann, wird reich. Warum also soll ich ihn unterstützen? Und die, die nicht bekannt werden, sind nicht gut. Warum soll ich sie unterstützen?«

Einen Ausweg aus der Barbarei eines solchen Marktes gibt es aber nicht. So zynisch es auch klingen mag: Wir müssen den Reichen dafür dankbar sein, daß sie nun auch noch mit unseren Meisterwerken zu spekulieren belieben. Sie manipulieren zwar damit unsere Sehgewohnheiten, verhindern die Vielfalt, bremsen die Kreativität und lassen das, was so von der Kunst übrigbleibt, dann meist auch gleich wieder in ihren Villen verschwinden. Doch dort, wo man solche Geschäfte mit »Volkseigentum« verbietet, hat man bisher stets zugleich auch die Freiheit der Künste untersagt. Eine Untergrundbewegung der Phantasievollen ist ja gerade hier das Letzte, was man sich wünscht.

Doch auch wenn die Vermögenden sich freiwillig aus der Kunstspekulation zurückzögen, wäre uns nicht groß geholfen – und nicht etwa, weil sie, wie sie selbst gern betonen, mit ihren Ankäufen den Wettbewerb unter den Künstlern und somit deren Kreativität beflügeln. Wer so argumentiert, sieht den Künstler zu sehr von der eigenen Warte; denn falls ein liberaler Staat seinen Künstlern bescheidene, aber ausreichende Gehälter zahlte und sie dabei auch noch in absoluter Freiheit arbeiten ließe, gäbe es sicher mehr und bessere Kunst. Der Künstler ist ja in der Regel nicht hinter dem Geld her, sondern hinter dem Publikum. Die Korrupten, von denen wir sprachen, zählen in diesem Sinne ohnehin nicht – sie sind ehemalige Künstler.

Aber gerade hier läge dann auch das Problem. Ganze Legionen würden sich um solche Staatsstipendien bewerben (»Alles ist Kunst, jeder ein Künstler«), und irgend jemand müßte entscheiden, wer sie zu bekommen hat. Und wer würde nach dem Rückzug von Händlern und Sammlern beurteilen, ob eine bestimmte Arbeit ein Kunstwerk ist? Ganz bestimmt nicht die Künstler, denn dazu müßte man ja erst definieren, wer ein Künstler ist!

Und hier käme nun zweifellos Jacques Maritains »Erhaltungsgesetz der Dummheit« zum Zuge: »Das Volumen der Dummheit ist zu allen Zeiten ungefähr dasselbe; nur wandert sie oft von einem Lager ins andere, wobei sie ihre Inhalte und ihre Vorzeichen ändert.« Anstelle der jetzigen Dummheit käme also wohl lediglich eine neue Variante an die Macht. In den bildenden Künsten etwa würden die karrierebewußten unter den Kunsthistorikern in den bedeutendsten Gremien sitzen und dort zusammen mit Starkritikern und redegewandten Avantgardisten darüber bestimmen, was Kunst ist und wer als Künstler zu gelten hat.

Als man Federico Fellini fragte, ob er für eine Subventionierung der italienischen Filmindustrie sei, meinte er, dies wäre zwar schön, doch er könne sich zu genau vorstellen, was für Leute dann über die Verteilung dieser Mittel zu bestimmen hätten.[*] Die Häuser werden nicht schöner, wo anstelle der Geldleute Baubehörden die architektonischen Maßstäbe diktieren. Wo man das Theater subventioniert, haben sich lediglich die Gewichte verlagert: Anstatt eines umsatzbedachten Produzenten bestimmt nun ein Intellektuellenteam über den Spielplan. Wenn man also früher zu Boulevard tendierte, herrscht nun die Versuchung vor, Hamlet mit einer Frau zu besetzen und den Mohren Othello weiß abzupudern... Nicht der Künstler versagt hier, sondern jene, die darüber bestimmen, wer ein Künstler ist.

---

[*] Federico Fellini: Intervista sul cinema a cura di Giovanni Grazzini. Rom 1983

Kunst als Namenwaschanlage

Wir müssen den Vermögenden also tatsächlich dankbar sein für alles, was sie da scheckschreibend unseren Blicken entziehen. Und wir sind es ja: Wenn einer von ihnen zuweilen etwas verkaufen möchte, um sich etwas Schöneres anzuschaffen, schicken wir unsere Museumsdirektoren zur Versteigerung. So hängt dann das, was dem Reichen nun nicht mehr so gefällt, schon dreißig Jahre nach der Entstehung im Museum, und wir können es alle sehen. Manchmal dürfen wir aber auch schon früher einen Blick auf diese Schätze werfen. Nicht nur die sympathische Peggy Guggenheim ließ die niederen Stände zu bestimmten Stunden in ihren venezianischen Palazzo, dies tut auch der Baron Thyssen in seiner Villa über dem Luganer See. Und zuweilen schickt er seine Sammlung sogar auf Wanderschaft.

Und wenn dann alle Landsitze, Stadtwohnungen, Ferienvillen und Schlösser der Besitzer nicht mehr ausreichen, um das in Jahrzehnten einsamen Scheckschreibens gehortete Kunstgut zu beherbergen, bekommen wir zuweilen sogar ganz viel Kunst auf einmal zu sehen. Nicht nur zu sehen; wir dürfen sie *behalten*. Und auch wenn wir das dann in unserer nun grenzenlosen Dankbarkeit *Schenkung* nennen, ist es doch nicht umsonst. In den USA etwa setzt der Schenkende seine gute Tat von der Steuer ab (und entzieht so den durch Spekulation gewonnenen Betrag der Allgemeinheit), in den übrigen Ländern soll es nach dem Willen der Kunstlobby bald so sein. Bis dahin erwartet der Spender von den Bürgern seines Landes lediglich ein Museum als Gegenleistung. So ließ denn etwa die Stadt Köln, als der Schokoladenfabrikant Peter Ludwig sich bereit zeigte, ihr einen wichtigen Teil seiner wertvollen Sammlung zu überlassen, für zweihundert Millionen Mark einen hochmodernen Tempel dafür errichten.

Unabhängig vom Land oder Kontinent ist mit der edlen Geste aber stets ein und dieselbe Bedingung verbunden: Der Ort, wo Gauguins Bilder dann hängen, soll nicht nach diesem benannt sein, sondern nach dem Milliardär, der sie sich leisten konnte. Wenn wir diese Bilder besichtigen möchten, sollten wir ja seinen Namen dazu sagen und nicht den des Hungerleiders. Das hört sich dann etwa so an:

»Nanu, wo kommst du denn her? Doch nicht aus dem Museum?«

»Ich war nur rasch bei der Kollektion Ludwig. Wollte endlich diesen Wesselman sehen, von dem ihr alle redet. Badezimmer sind also jetzt auch schon Kunst? Da hab' ich ja daheim ein Millionenvermögen! – Übrigens hab' ich dich letzte Woche angerufen.«

»Da war ich in Venedig.«

»Im Guggenheim-Museum, wie ich dich kenne.«

»Könnte dir auch nicht schaden. Genausowenig wie die Kollektion Thyssen, die ich mir auf der Rückreise in Lugano noch angesehen habe. Das Teuerste vom Teuren, hätte sogar dich beeindruckt. Und in Zürich bin ich dann sogar noch durch die Bührle-Kollektion gerannt.«

»Seit wann interessiert ihr Künstlertypen euch für Waffen?«

»Banause. Das ist eine Gemäldesammlung. Sie fabrizieren Waffen. Unter anderem. Sammeln tun sie Kunst. – Aber ich muß gehen. Komm doch am Wochenende mal vorbei!«

»Ich fliege morgen nach Kalifornien.«

»Ah! Da kannst du ja ins Getty-Museum...!«

Und hier schließt sich dann der Kreis. Denn die Kunstsammlung dient nicht nur dem sozialen Status des Besitzers, seinem Bedürfnis nach Geldmaximierung und seinem Spieltrieb. Sie liefert nicht nur die Dekoration für seine Zimmerfluchten, Gärten und Dachterrassen. Sie ist nicht nur der Geheimcode, mit dem er seinesgleichen identifiziert und darüber wacht, daß in seinem Hause kein Falscher empfangen wird. Sie hat auch die Funktion einer *Namenwaschanlage.*

Man muß dabei nicht so weit gehen wie Balzac und behaupten, daß hinter jedem Vermögen ein Verbrechen steckt. Aber daß viel Geld immer auch einen Mangel an gutem Geschmack bedeutet, steht wohl außer Zweifel. Und gerade dieses (wenn nicht auch das andere) wollen uns die Vermögenden durch ihre Kunstsammlungen und Kunstschenkungen vergessen machen.

Und die Methode wirkt. Denn eines Tages denkt man dann beim Namen Getty oder Gulbenkian eben nicht mehr an Ölspekulation und die sonstigen Machenschaften solcher Nimmersatte, sondern an Kunstmäzenatentum. Namen wie Bührle bedeuten nicht mehr Waffenfabrikation, sondern Gemäldekollektion. Schon jetzt denkt der Kölner beim Namen Ludwig nicht mehr an eine Pralinenfabrik, sondern an die herrlichen Bilder, die er im gleichnamigen Museum sehen durfte. Die Frage des Spenders, ob nicht auch Nazi-Künstler wie Arno Breker museumswürdig seien, wird man ebenfalls vergessen. Solche Leute meinen es ja niemals böse – sie waren nur so lange von Erlesenem umgeben, daß sie nun nicht mehr wissen, was geschmacklos ist.

Und wenn der Baron Hans Heinrich Thyssen-Bornemisza seine gleichnamige Kunstsammlung als Leihgabe nach London schickt, denkt man weder an Kunstspekulation noch gar an das, was die weiße Weste jener befleckt, denen er den Grundstock seines gigantischen Vermögens verdankt: Finanzierung von Adolf Hitlers Marsch auf die Feldherrnhalle, Millionenspenden für den Aufbau von SS und SA ...* Nein, man denkt an Carpaccio, Ghirlandaio, an Kirchner und Beckmann, Picasso und Gauguin. Man denkt an Kunst.

Berühmte Künstler wären lieber anonym
(Dummheit ist lernbar)

Doch kehren wir in unsere Welt zurück. Die Schönheit der Kunstwerke, die man uns hier zeigt, ist also wohl eher ein Hinweis auf die Größe des Angebots als auf den Kunstverstand derer, die sie wählen. Wie groß muß die Kreativität unserer Künstler sein, wenn sogar bei einer solchen Politik noch soviel Herrliches übrigbleibt?

Denn natürlich sind wir bezaubert, wenn dann in der Ecke eines Museums Segals stille Gipsmenschen hocken. Natürlich können wir uns an Rothkos rätselhaften Farbflächen nicht sattsehen. Es gibt Stimmungen, in denen

---

* Bernt Engelmann: Die Macht am Rhein. München 1972

uns Beuys' Filzobjekte zarteste Poesie bedeuten. Und wer einmal die lächelnden Erwachsenen am Basler Tinguely-Brunnen gesehen hat, möchte den Künstler bitten, sich noch Tausende solcher Maschinen auszudenken. Francis Bacon finden wir ohnehin unübertrefflich, und Stellas Bilder sind vielleicht wirklich nur eine Frage der Gewohnheit.

Und wie schwer muß es für den berühmten Künstler sein, jene für den Fortschritt seiner Arbeit so wichtige Balance zwischen Erfolg und Kampf, Bewahren und Erneuern, Beifall und Kritik zu halten? Wie unerträglich müßte ihm die Anbetung seiner Gemeinde werden, wenn es ihm nicht gelänge, sich manchmal ein wenig als Gott zu sehen? Er würde es ja gern wie Sartre machen, der auf Besitz verzichtete und so bis ins Alter lebendig blieb. Doch etwas Geld muß er ja schon um seiner Arbeit willen haben – diese Erfolgssträhne kann doch nicht ewig dauern?

Bis es zu spät ist. Da sitzt er dann in seinen abgewetzten Jeans in seiner weißen Villa auf Long Island und redet sich ein, es sei alles beim alten. Da man ihm bei jeder Wiederholung versichert, wie kreativ er sei, glaubt er es nun selber. Und mit wem redet er schon noch: mit Kunstsammlern, Kunsthändlern, ein paar Kollegen, ebenso arriviert wie er.

Und so wie der Sammler denkt, er sei etwas Besonderes, weil er ja *Kunst* sammelt, und der Händler sich für besser hält, weil er ja mit *Kunst* handelt, hat auch er sein System: Er ist nun ein Reicher, ja, doch er ist immerhin ein *Künstler*.

Beim Empfang der Hofberichterstatter gibt er sich bescheiden. Nein, diese luxuriöse Umgebung bedeute ihm nichts: Farbe, Leinwand, zuweilen ein gutes Glas Wein, das sei eigentlich alles, was er zum Leben brauche... Sein Ruhm, du lieber Himmel. Wie sehne er sich danach, unerkannt im Village herumzugehen, all die kleinen Galerien... Nein, zum Geld habe er schon gar kein Verhältnis. Er wisse ja nicht einmal, wieviel er hat. Geld habe für ihn immer nur Zeit bedeutet: Zeit für sein Werk. Und nun solle man ihn bitte entschuldigen, er müsse ins Atelier zurück...

Und da steht er dann. Malt noch eine Aktie. Wird noch berühmter. Macht noch mehr Geld. Doch da er dazu »kein Verhältnis« hat und nicht einmal weiß, wieviel es ist, kann er es sowenig hergeben wie die andern.

(Lieber Gott, wolltest du die Künstler so, oder war das ein Irrtum?)

V Dummheit & Das Jüngste Gericht

> Lieber Gott, anstatt die Leute sterben zu lassen und dann neue zu machen – warum behältst Du nicht einfach die, die Du schon hast?
> (Jane, Children's Letters to God)

Wer anderen keine Grube gräbt

In einer von intelligenten Menschen bewohnten Welt, sagten wir, würde man jedesmal erschrecken, wenn ein hohes Amt zu besetzen ist. Gerade wegen seiner hervorragenden Qualitäten sei ein Intelligenter zum Herrschen denkbar ungeeignet – im Rennen um die Macht gebe er schon auf, ehe es richtig begonnen hat. Doch ist es wirklich seine *Intelligenz,* die ihm die Macht verleidet – ist dies das richtige Wort für eine *Schwäche?*

Das ist das richtige Wort.

Der Intelligente wird wohl genauso häufig wie der Dumme über besondere *Talente* für bestimmte Tätigkeiten verfügen. Doch dann fehlt es ihm sowohl an Aufsteiger- als auch an Führerqualitäten. Und ohne diese hat beim Karrieremachen das größte Talent keinen Wert.

Da ihre Interessen breit gefächert und damit auch schwerer zu zähmen sind als die des Dummen, fehlt es einer intelligenten Person oft an *Fleiß, Ausdauer* und *Begeisterungsfähigkeit,* um eine jahrzehntelange Spezialisierung durchzustehen. Sie ist also tatsächlich auch die *schlechtere Fachkraft* und steht schon aus diesem Grund seltener zur Wahl.

Dann gibt es hier ein Handicap beim *Gehorchen* und *Befehlen:* Der Intelligente kann nur gehorchen, solange er die Kompetenz des Befehlenden voraussetzen darf – solange er an ihn *glaubt.* Da seine Emotionen tiefer gehen und damit auch schwerer zu beherrschen sind, fehlt ihm die während des Aufstiegs unentbehrliche Fähigkeit, auch stupiden Anweisungen seiner Vorgesetzten freundlich und ohne Widerspruch zu folgen. Er wird ihnen daher im seltensten Fall so sympathisch bleiben, wie es einer stetigen Beförderung dienlich wäre.

Und falls er trotz aller dieser Mängel an die Spitze kommt, wird es ihm – da er sich aufgrund seiner Phantasie in die von ihm Abhängigen *hineindenken* kann – auch größere Schwierigkeiten bereiten, unpopuläre Anweisungen zu erteilen und auf ihrer strikten Erfüllung zu bestehen. Ein sensibler Vorgesetzter wird sich zum Beispiel lieber selbst an die Schreibmaschine setzen, ehe er den Feierabend seiner Sekretärin durch Überstunden ruiniert. Anstatt seine Vertreter mit einem mittelmäßigen Produkt zum Kampf um Marktanteile anzutreiben, wird er eher dazu neigen, sich bei ihnen für diese Zumutung zu entschuldigen. Er besitzt also auch im nicht fachgebundenen Bereich eine *geringere Autorität* – und somit schlechtere Erfolgschancen – als der Beschränkte. Wer anderen keine Grube gräbt, fällt selbst hinein, hat Karl Kraus auch hier vereinfacht.

Und auch um seine *Risikofreude* ist es weniger gut bestellt. Ein phantasievoller Mensch ist automatisch immer auch feiger als die anderen: Die durch seine Entscheidung möglicherweise ausgelöste Katastrophe stellt er sich ja, wie gesagt, nur allzu gut vor. Aufgrund seiner Phantasie ist er unter Umständen bereit, Gesundheit und Leben für einen anderen zu riskieren: Zusehen beim Foltern macht ihm mindestens soviel aus wie Gefolterwerden. Kompliziert wird es, sobald er das Leben oder auch nur den Wohlstand dieses andern für die eigene Sache aufs Spiel setzen soll: Und wenn er im Irrtum wäre, wenn die Aktion trotz sorgfältigster Berechnungen mißlingt? Wenn seine Strategie die Firma Arbeitsplätze kostet? Wenn auch nur ein Soldat bei diesem Einsatz sterben muß? Wer ist er, um solches Unglück zu riskieren? Das müßte doch einer entscheiden, der es besser weiß!

Diese Fähigkeit zur *Selbstkritik* und die daraus folgende *Beeinträchtigung seines Selbstvertrauens* wirkt sich bei einem eventuellen Kampf um die Spitze am negativsten aus. Einem Intelligenten wird es leichter fallen, einen Konkurrenten zu idealisieren als sich selbst. Da ein Mensch mit Phantasie sich, wie gesagt, alles vorstellen kann – außer diesem einen: die Phantasielosigkeit der meisten andern Leute auf dieser Welt (*Mangel an Vorstellungskraft ist unvorstellbar*), wird er eher davon ausgehen, daß der, der sich da so selbstsicher um das verantwortungsvolle Amt bewirbt und seinen Wählern die Lösung aller Probleme verspricht, auch weiß, wie er sein Versprechen später einlöst. Nur unter dieser Bedingung wäre ja er selbst bereit, über das Schicksal fremder Leute zu bestimmen. Unter Umständen wird der Phantasievolle sogar zu dem selbstbewußten Rivalen überlaufen, statt zum Streiter zum Mitstreiter und statt zum Führer zum Anhänger zu werden. Bis er eben dann eines Tages den Glauben an ihn verliert – bis er begreift, was wirklich los war.

Der Unglaube an sich selbst und die sich daraus ergebende Anfälligkeit für den Glauben an andere ist die größte Schwäche des Intelligenten. Die mit Macht gekoppelte Freiheit, die ja letzten Endes der Zwang zur selbständigen Entscheidung ist, versetzt ihn in um so größere Angst, je höher er hinaufsteigt. Wenn er sich für etwas *frei* entscheidet, müssen ja auch die Folgen auf sein Konto gehen. Wie wir im Kapitel über die Liebe sahen, macht ihm das schon als Privatmann zu schaffen: Nichts wünscht er sich sehnlicher als einen gerechten, weisen, souveränen Gott, der ihm die Qual der Wahl wieder abnimmt. Wie erst, wenn er mit seiner Wahl nun plötzlich das Schicksal von Konzernen oder Staaten entscheidet?

Hier ist der Beschränkte eindeutig im Vorteil: Es liegt, wie gesagt, im Charakter des Dummen, daß er die eigene Person rückhaltlos bewundern kann. Für ihn ist es kein Problem, seine Qualitäten anzupreisen – seine Schwächen sieht er ja nicht. Während der Intelligente aufgrund seines Vorstellungsvermögens dazu neigt, Verantwortung in die Hände einer real oder vermeintlich höheren Instanz zu delegieren, ist der Dumme nur im alleroberflächlichsten Sinn ein ideologisch oder religiös gebundener Mensch. Er hat stets eine *eigene* Meinung und meint nur, was von unmittelbarstem Nutzen für ihn ist. Als Vorstand eines Konzerns, der Kernreaktoren fabriziert, ist er zum Beispiel überzeugt, mit seinem Produkt nichts als Wohlstand über die Menschheit zu verteilen. Kein noch so großes Unglück kann ihn hier vom Gegenteil überzeugen: Aber meine Herren, bleiben Sie doch sachlich! Bei unserem Fabrikat kann das auf keinen Fall passieren! Ich bin doch auch ein Familienvater! Würde ich meinem Nachwuchs einen verseuchten Globus hinterlassen?

Der Intelligente wird unter Umständen auf der Suche nach Halt sein Leben lang von einer Religion zur nächsten eilen: Die Beschränktheit derer, die sie predigen, treibt ihn früher oder später immer wieder fort. Nicht so der Dumme: Falls er einer Religion anhängt, hat er sie von seinen Vätern übernommen, und solange sie ihn weiterbringt – ihn also zum Beispiel bei seinen Wählern oder Vorgesetzten *glaub-würdig* macht –, bleibt er ihr auch treu. Da ihn ethische Probleme ohnehin nicht groß bewegen und sein Gewissen von keinerlei »Sünde« belastet ist – ein Dummer hat keines –, wird ihm auch der Glaube selbst nicht lästig. Im Gegenteil – auf seinem Weg nach oben hat der liebe Gott die wichtige Rolle eines Entlastungszeugen: Ich habe nur das Beste für euch gewollt und selbst mein Äußerstes gegeben, ruft er den Überlebenden seiner Katastrophen zu. Doch der Herr hat es in seiner ewigen Weisheit anders beschlossen. Darum lobet den Herrn. Und mir schenkt bitte bei der nächsten Wahl noch einmal euer Vertrauen!

So ist der Dumme zum Predigen geboren, der Intelligente zum Beten verdammt. Zumindest so lange, bis sich ihm die Beschränktheit seines Papstes offenbart. Und dann ist es oft zu spät.[*]

Die Dummheit der Eliten ist beweisbar

Dummheit? Ist es wirklich das, was einen Menschen ganz nach oben bringt? Ist dies das richtige Wort für eine *Stärke?*

Es ist das richtige Wort. Natürlich gibt es unterschiedliche Reifegrade – nicht gerade die Allerdümmsten werden dann immer auf dem Gipfel sein. Aber die Chance, dort einem wirklich phantasievollen Menschen zu begegnen, ist relativ gering.

Doch auch wer diese Wertskala nicht teilen mag und lieber meint, daß *die Qualitäten des Computers der Maßstab für die Intelligenz des Menschen sein und bleiben sollen*, wird zugeben, daß man immer dann guten Gewissens von *Dummheit* sprechen kann, wenn Mächtige ihre

---

[*] Mit den sozialen Folgen dieser Religionsanfälligkeit intelligenter Personen hat die Autorin sich im Nachwort zu ihrem Buch ›Die Antrittsrede der amerikanischen Päpstin‹, München 1982, befaßt.

Macht auf eine Weise gebrauchen, daß sie sich gegen ihr eigenes System und schließlich *gegen sie selber* wendet: wo seine Beschränktheit nicht nur für den andern, sondern auch für den Beschränkten selber tödlich wird.

Die in den beiden letzten Kapiteln beschriebenen Dummheitsvarianten müssen uns hier nur am Rande interessieren: Die *Dummheit in der Kunst* hat zum Beispiel nur negative Folgen für die wenigen, denen an Kunst gelegen ist. Dank der betörenden Beschränktheit jener, die hier so selbstsicher über Gut und Böse entscheiden – Produzenten, Kritiker, Verleger, Direktoren von Theatern, Museen, Opernhäusern –, bekommen wir wohl stets nur einen Bruchteil der Meisterwerke, die wir haben könnten. In der heutigen Literatur sei nicht mehr viel los, stöhnt die Literaturkritik. Im Klartext heißt es, daß nicht einmal der Kritiker noch Freude an den Autoren hat, denen er gerade noch lautstark zum »Durchbruch« verhalf. Doch existenzgefährdend ist seine Dummheit nicht – zum *Überleben* braucht weder er noch der Leser aufregende Bücher.

Die *Dummheit in der Liebe* verhindert allzuoft, daß sich die Richtigen finden, und auch der Beschränkte hätte seine »gute Ehe« wohl zuweilen lieber gegen etwas Aufregenderes eingetauscht. Andererseits ist es ja nicht er, der an gebrochenem Herzen zugrunde geht. Und wo es den sensibleren Partner gar das Leben kostet, läßt sich dies durch Reproduktion mit dem Nachfolger schon neun Monate später wiedergutmachen. Zahlenmäßig entsteht der Menschheit durch die Dummheit in der Liebe kein Verlust.

Tödlich ist sie in den anderen der hier beschriebenen Machtbereiche. Die *Dummheit der Reichen* und der *Karrieristen* kostet nicht nur die von ihnen Abhängigen das Leben – dies könnte man nach einer etwas perverseren als der hier verwendeten Wertskala ja noch als Intelligenzbeweis verbuchen –, sondern auch sie selbst. Dank dieser Beschränktheit ist die Geschichte unseres Planeten ein einziges Kriegsprotokoll, dank ihrer wird sie es bis zu ihrem alsbaldigen Ende bleiben. Mit ihrem roboterhaften Raffen nach *mehr* – mehr Seelen, mehr Land, mehr Profit – haben sich die Mächtigen dieser Welt in Abständen immer wieder auch selber aufs Schafott geführt. Gelernt haben sie daraus nichts.

Damit kein Irrtum entsteht: Nicht die mangelnde Nächstenliebe der Eliten soll hier beklagt werden – phantasievoller Egoismus wäre die Eigenschaft, die uns und ihnen zum Glück verhilft. Doch gerade daran wird es – *in der Regel* – fehlen. Und meist ist da dann weit und breit kein F. D. Roosevelt, der ihnen einen *New Deal* aufdrängt.

Hätten die Herrschenden in der Vergangenheit über ein Minimum an Intelligenz verfügt, so wären sie schon im eigenen Interesse etwas vernünftiger mit ihren Untertanen umgesprungen. Nein, sie hetzten sie in immer blutigere Eroberungskriege, dezimierten sie in immer grausameren Hungersnöten, folterten sie in Inquisitionsverfahren, verbrannten sie als Hexen, ruinierten sie durch Wucherzins und Ablaßzahlung, verschlissen sie in Bergwerken und Fabriken, verkauften sie als Arbeitssklaven, verbannten sie in Rassenghettos.

Und dabei machten sie dann stets so lange phantasielos weiter, bis es für sie nichts mehr zu holen und folglich auch für die Gegenseite nichts mehr zu verlieren gab. Bis der Hunger, das Elend, die Demütigung so groß waren, daß das Volk die Angst vor seinen Peinigern verlor und sich zusammenschloß: seine Könige unter die Guillotine brachte, seine Fürsten aus Burgen und Schlössern vertrieb, seinen Priestern den Ablaß, seinen Wucherern das Darlehen, seinen Grafen die Ernte schuldig blieb, seinen weißen Herren die schwarze Gratisarbeit strich, seinen Arbeitgebern die Fabrik bestreikte.

Und so verschwanden nach und nach die Monarchien, so wurden der Adel entmachtet, die Kirche reformiert, Sklaven befreit, Diktatoren verjagt, so wurden Politiker abwählbar gemacht, menschenwürdige Löhne und Arbeitszeiten ertrotzt, Geschlechterdiskriminierung eingeschränkt, Justiz öffentlich gemacht, so wurden in einem großen Teil der Welt sogar Grundbesitz enteignet, Banken verstaatlicht, Industrien in die Hände der Arbeiter gezwungen, rassistisch regierte Länder unter die Kontrolle der geächteten Rasse gebracht.

Und die negativen Folgen trafen eben nicht nur die

Tausende oder Millionen Unterdrückter, die bei solchen Befreiungskämpfen regelmäßig auf der Strecke bleiben, sondern auch die Eliten, die sie provozierten. Die Dummheit war besiegt, endlich schien die Macht der Phantasie zu gehören.

Der Klügere gibt nach, der Dümmere macht weiter

Nicht lange. In diesem Sieg der Intelligenz war auch bereits ihre Niederlage enthalten. Am Anfang jeder Initiative, die zur Entmachtung der Phantasielosigkeit führt – *Revolution* –, müssen notgedrungen phantasievolle Menschen – *Revolutionäre* – stehen. Nur sie können sich ja in die Geächteten hineindenken. Nur sie haben genügend Vorstellungskraft, um sich etwa die durch Zerstörung der Natur, radioaktive Verseuchung, Überbevölkerung oder Zusammenbruch der Weltwirtschaft zu erwartenden Verheerungen auszumalen.

Doch nach dem Anfang folgt immer auch bald das Ende ihrer Führerschaft. Sobald nämlich eine dieser von ihnen begründeten »Bewegungen« ihre ersten Schwierigkeiten hinter sich läßt und so viel Zulauf findet, daß plötzlich in unserer Gesellschaft *eine neue Machtposition* entsteht, wird der Phantasievolle der ersten Stunde durch eine jener Personen vertrieben, die, wie wir sahen, ihre Beharrlichkeit, ihr Fleiß und ihr Selbstbewußtsein dazu prädestinieren, einflußreiche Posten an sich zu bringen und zu behalten. Die Berufung des Revolutionärs wird zum Beruf des Funktionärs – das weitere Schicksal der Idee ist durch Intelligenz nur noch ausnahmsweise zu beeinflussen.

So gut er es eben gelernt hat, kämpft der Phantasievolle noch eine Weile um die Spitze. Dann wird er entweder vom jeweiligen Robespierre der jungen Bewegung ohne Gefühlsduselei an die Wand gestellt, oder er besiegt sich selbst – indem er seine Angst vor der Verantwortung für eine stetig steigende Zahl von Menschen, sein Mißbehagen vor der nun beginnenden Routine, seinen Humor und seine Selbstironie die Oberhand gewinnen läßt. Schon eine ganze Weile hat er vom Rückzug in die Anonymität geträumt: Sein Gesicht auf dem Bildschirm, seine Stimme im Radio, die durch ewiges Wiederholen nun schon wie Phrasen klingenden Kampfparolen, das alles flößt ihm Ekel vor sich selber ein. Ist es nicht lächerlich, wenn einer sich für unersetzlich hält: Was soll dieser *missionarische Eifer?*

Und so geraten denn Kirchen, Parteien, Gewerkschaften, Umweltschutz- und Friedensprogramme, Frauen-, Männer-, Kinder- und Altenrechtsbewegungen mit schöner Regelmäßigkeit in die Hände der Barbaren. Schon nach wenigen Jahren verkommen die gegen die Dummheit ins Leben gerufenen Institutionen zu Horten ebenjener Dummheit, die sie bekämpfen wollten: Christi Leiden für die Unterdrückten sind zum Unterdrückungsinstrument des Klerus geworden. Die Ideale der Französischen Revolution wurden von den bestialischen Jakobinern verraten. Aus den Träumen von Marx und Engels ist die Mitleidslosigkeit der Kommunistischen Partei entstanden. Das von unseren Vätern so bitter erkämpfte Streikrecht liegt heute in den Händen perspektivloser Gewerkschaftsfunktionäre. Die von den weißen Herrschern befreiten Kolonien gerieten in die Gewalt schwarzer Diktatoren. Die phantasievollen Vietnamprotestler haben uns die stumpfsinnigen Kommandos der Roten Brigaden hinterlassen. Die Tränen der mutigen Suffragetten brachten das Kabarett der Frauenbewegung zum Erblühen. Die herrlichen Grauen Panther werden wohl eines Tages zur Plattform PR-süchtiger Berufsgreise verkommen. Und die mit soviel Elan zum Schutz des Friedens und der Umwelt ins Leben gerufenen Initiativen degenerieren voraussichtlich in dem Tempo, wie sie sich durch Zustrom von Anhängern zum Aufstiegsinstrument für Karrieristen profilieren.

»Der Ausspruch ›Der Klügere gibt nach‹ begründet die Weltherrschaft der Dummen«, heißt es bei Marie Ebner-Eschenbach; denn der Klügere gibt nach, und der Dümmere macht so lange weiter, bis es *sein* Niveau ist, das das Gesicht der Erde prägt.

Lauter geplatzte Fünfjahrespläne
(Die kommunistische Farce)

Dank der Vorarbeit früherer Eliten ist unser Erdball in zwei Dummheitsimperien aufgeteilt. Indem die alten Reichen durch ihr maßloses Raffen den Boden für den Marxismus bereiteten, haben sie sich auf der einen Hälfte des Planeten sozusagen selbst enteignet. Daß sich dort die Mehrheit der Bevölkerung nun schon wieder nach ihnen zurücksehnt – und, wo immer es möglich wird, auch zurückkehrt –, beweist lediglich die Grundthese dieses Buches: daß nämlich *in jeder Hierarchie, gleichgültig, wie großartig die Absichten waren, die sie zunächst zustande brachten* – gibt es ein herrlicheres Ideal als das von der Gleichheit aller Menschen? –, *früher oder später die Phantasielosen und Unsensiblen die Oberhand gewinnen.* Und daß diese dann so lange phantasielos und unsensibel weiterwirtschaften, bis die Mehrheit ihrer ehemaligen Gefolgschaft lieber stirbt als unter ihrer Knute weiterlebt.

Denn auch die auf den Gipfeln der Planwirtschaft treibt ja – sonst wären sie nicht hinaufgekommen – die allen Mächtigen eigene Dynamik: mehr Seelen, mehr Land, mehr persönliche Privilegien. Die ganze Welt muß ihnen gehören, erst dann kann wirklich Frieden sein.

Daher werden auch hier die Szenenfolgen eines *Selbstvernichtungsdramas* gespielt, das, wie wir sahen, das Markenzeichen der Eliten und der stets wiederkehrende Beweis ihrer Beschränktheit ist:

1. Die nach Ausbootung der Intelligenz immer einfallsloser gehandhabte Verstaatlichung von Landwirtschaft, Industrie und Handel führt zu immer größerem Mangel an Nahrung, Wohnraum und Gebrauchsgütern. Die Koppelung der Revolution an gleiche Löhne verkommt zur Tautologie – es gibt sowieso nichts zu kaufen.

2. Der darob einsetzenden Unzufriedenheit der Befreiten wird von den Befreiungsfunktionären mit den ihren geistigen Möglichkeiten entsprechenden Vorsichtsmaßnahmen begegnet: Damit sie nicht länger vergleichen, sich öffentlich beschweren oder gar unter harmlosem Vor-

wand mit anderen Unzufriedenen treffen können, werden Reiseverbot, Pressezensur und Abschaffung der Glaubensfreiheit dekretiert. Und natürlich können sie so ihren Wohltätern nun auch nicht mehr davonlaufen.

3. Unverständlicherweise bleibt die Zufriedenheit trotzdem aus. Es kommt sogar zu einer Verstärkung der negativen Emotionen: Die Freude an der Arbeit beginnt ernsthaft zu leiden – man wird renitent, konspiriert, sabotiert. Die Versorgungsmängel werden folglich noch größer. Die nun ebenfalls noch mehr um ihre Macht besorgten Machthaber beantworten dies mit dem Ausbau von Geheimpolizei, Konzentrationslagern und Folter.

4. Und dennoch lassen die Sympathien der Massen auf sich warten. Die Folge ist sogar ein so hohes Maß an gegenteiligem Gefühl, daß die Hoffnung des Auslands zu erwachen beginnt. Die Mächtigen des marktwirtschaftlich regierten Teils der Erde wittern Morgenluft für die Rückeroberung der verlorenen Hälfte ihres Imperiums und beginnen, nach alter unbewährter Manier mit dem inzwischen zur Atomrakete stilisierten Säbel zu rasseln.

5. Wären die Planwirtschaftler phantasievoll, so würden sie dies für Bluff halten und entsprechend ignorieren. Daß ein Aggressor den Erdteil, den er demnächst zu besetzen hofft, auf Jahrhunderte hinaus verseucht und die künftigen Untertanen durch Erbschäden verstümmelt, liegt für einen intelligenten Menschen außerhalb des Vorstellbaren: Was hätte der Feind von seiner Eroberung? Doch dieser kostensparende Intelligenzbonus ist den Militärs der Planwirtschaft nicht vergönnt: Sie wissen, daß sie sich selber im Zustand militärischer Überlegenheit jede innere Schwächung des anderen Lagers zunutze machen würden. Gerade dank ihrer Dummheit sind sie in der Lage, die aus der Dummheit der Gegenseite entstehenden Gefahren richtig einzuschätzen: Wenn sie an der Macht bleiben wollen, müssen sie sich ebenso kostspielige Waffen leisten wie die anderen.

6. Die Folgen dieser teuren Einsicht: noch weniger Geld für die Bürger, noch schlechtere Versorgung, noch mehr Unzufriedenheit, Konspiration, Sabotage, Widerstand. Und als Antwort dann noch drastischere Verbote und noch brutalere Strafen. Und nach jedem geplatzten Fünfjahresplan haben die Kinder der Revolution noch weniger zu verlieren.

Lauter schwarze Freitage (Die kapitalistische Oper)

Kommunismus funktioniert nach dem Gesetz der *verordneten Dummheit:* Hier verhindert eine große Dummheit – die der Politiker –, daß sich in den unteren Bereichen auch nur ein Mindestmaß an Intelligenz entwickelt. *Kapitalismus* funktioniert nach dem Gesetz der *gewachsenen Dummheit:* Dank freien Wettbewerbs kann sich hier Beschränktheit in allen Bereichen so ungestört entfalten, daß das Intelligenzvolumen der Politiker ohne maßgeblichen Einfluß auf das Geschehen ist. Im Prinzip könnte man sich in kapitalistisch regierten Ländern sogar phantasievolle, sensible Menschen als Minister oder Staatspräsidenten leisten – und daher bewerben sich hier immer häufiger auch Schauspieler, Chansonsänger und Poeten um ein hohes Amt. In allen maßgeblichen Bereichen sitzt die Dummheit so fest im Sattel, daß sie von der eventuellen Intelligenz eines Politikers nicht mehr gestört werden kann. Natürlich wird ein beschränkter Politiker mit dieser Situation leichter fertig als ein gescheiter.

Und natürlich hat sich auch hier bereits nach bewährtem Muster die Selbstzerstörungsautomatik in Gang gesetzt. Ihr phantasieloses Raffen nach mehr – mehr Seelen, mehr Land, mehr Profit – läßt die neuen Reichen die gleichen Fehler begehen wie die alten. Auch dieses also eine Performance mit voraussehbarem Ausgang. Da hier aber viele miteinander konkurrierende Dummheiten an der Arbeit sind, ist es auch etwas komplizierter, das bisher Geschehene in vereinfachter Manier nachzuerzählen.

Zunächst zum Bühnenbild: Wenn die marxistisch regierten Zonen dieser Welt die Farbe *Rot* für sich beanspruchen, könnte man die kapitalistischen (je nach dem

Erfolg, der den Sozialrevolutionen dieses Jahrhunderts dort beschieden war, und unter Verzicht auf die Erwähnung von Nuancen) in *weiße* und *schwarze* unterteilen:

Die weißen Zonen wären dann die sogenannten *Industrieländer,* wo nach der Entmachtung der Dummheit von Adel und Kirche nun jede Art neuer Dummheit entstehen konnte.

Die schwarzen Zonen hat man – in der Hoffnung, daß sich dort ebenfalls neue Beschränktheitsvarianten entwickeln würden – *Entwicklungsländer* benannt. Doch trotz des abschreckenden Schicksals ihrer Standesgenossen auf dem restlichen Planeten regieren sich dort Religionsführer und Großgrundbesitzer weiterhin nach bestem Unwissen ihrem Untergang entgegen:

In Lateinamerika hintertreibt zum Beispiel die katholische Kirche in ihrer Gier nach *mehr* (mehr Seelen) die Geburtenkontrolle und wird durch die auf Überbevölkerung (Hunger) notwendig folgende Gewalt früher oder später in den eigenen Klostermauern verbrennen. Der Großgrundbesitz unterbindet in der gleichen Sucht (mehr Land) die Landreform und vertreibt sich durch die nach Besitzlosigkeit (Hunger) kommende Enteignung nun demnächst selber aus dem Herrenhaus.

Abgesehen von der gewohnten – »frühkapitalistischen« – Dummheit, entwickelt sich in den Entwicklungsländern also nichts. Und gerade darauf sind die Mächtigen der Industrieländer in ihrer neuen – »spätkapitalistischen« – Beschränktheit zu ihrem und unserem Malheur nun wieder einmal hereingefallen.

Aufzug der Roboter (Ouvertüre)

Und dabei hat gerade diese Aufführung so vielversprechend angefangen: Nach den hier eher maßvoll ausgefallenen Revolten gegen die Dummheit der alten Oberschicht kann sich in den Industrieländern neben der Macht des neuen Adels (Industrielle) und ihrer neuen Schatzmeister (Bankiers) nun auch die der neuen Untertanen (Arbeiter) etablieren.

Und natürlich kommt es dabei auch gleich zu einem

ersten Zusammenstoß mit der Freiheit. Da der Arbeiter auf soviel Gewalt über sich selbst in keiner Weise vorbereitet ist, gibt er sie unverzüglich an jene weiter, die sich auch hier bald darum reißen: Aus der Asche seines entbehrungsreichen Arbeitskampfes steigt der Phönix Gewerkschaftsfunktionär. Ohne dessen Zustimmung läuft in den weißen Zonen bald überhaupt nichts mehr. Wenn der Industrielle seine Industrie in Gang halten will, muß er dem Industriearbeiter stetig steigende Löhne zahlen.

Und auch die kleineren Machtbereiche Politik und Presse hat der neue Untertan auf seiner Seite: Der Politiker will von ihm gewählt werden – sagt also, soweit er es errät, was sein Wähler von ihm hören will. Der Meinungsmacher möchte, daß er seine Zeitung kauft – druckt also nach Möglichkeit anstatt der eigenen Meinung lieber die des Lesers.

Zunächst sieht es also endlich einmal ein wenig nach Gerechtigkeit aus, sogar im Privaten: Jeder Arbeiter beschäftigt in jener Zeit zu Hause einen zweiten, der sich um das kümmert, was er aufgrund der eigenen Tätigkeit nicht machen kann: Für Kochen, Putzen und die Erziehung der damals noch recht zahlreichen Kinder ist der *Heimarbeiter* da. Diesem gibt der Arbeiter seinen Lohn, und je nach Budget, Notwendigkeit und Phantasie kauft der damit die Güter, die er in den Fabriken des neuen Adels hergestellt hat.

Es scheint für alle Beteiligten die ideale Lösung zu sein:

Der neue Adel (Geldadel) ist zufrieden, weil er den zunächst so widerwillig an den neuen Plebejer gezahlten Lohn über den Umweg Konsum sogar mit Gewinn wieder auf das eigene Konto bekommt *(wer hätte das gedacht?).*

Der neue Schatzmeister (Bankier) ist zufrieden, weil sich das Vermögen seiner Kunden so rasch vermehrt, daß er beim Weiterleihen nun sogar ohne Wucherzinsen reicher wird als zuvor *(konnte das einer ahnen?).*

Der neue Untertan ist zufrieden, weil er dank des vom Gewerkschaftsführer vermittelten, stetig steigenden Lohns seinem angebeteten Heimarbeiter – er nennt ihn *Hausfrau* – nun endlich ein etwas sorgloseres Leben bieten kann und seine Kinder nicht mehr hungern.

Die Hausfrau ist zufrieden, weil mit den höheren Einnahmen ihres geliebten Außendienstlers auch der Ausgabenbereich immer interessanter wird. Und was gibt es inzwischen nicht alles zu kaufen!

Als dann nach und nach auf dem Markt immer mehr Produkte erscheinen, die ihr die Heimarbeit erleichtern können, kauft er natürlich vorzugsweise diese: Dank Wasch-, Trocken-, Geschirrspül- und Bügelautomaten, Kühlschrank, Gefriertruhe, Elektroherd, Zentralheizung, Staubsauger, Reinigungschemikalien, Eßkonserven, Tiefkühlkost, Muttermilchersatz, synthetischer Gewebe und so weiter nimmt ihre Arbeit zu Hause stetig ab.

Und als dank weiterer Wunderfabrikate auch noch die Geburtenregelung möglich wird, macht sie sich das ebenfalls zunutze. Die intelligente Hausfrau handelt aufgrund der im Liebeskapitel erörterten Einsichten, der Dumme tut ohnehin, was sie will: In der Regel läßt man sich von seinem Außendienstler gerade noch so häufig schwängern, daß es nicht zu einer Kündigung des eigenen Arbeitsvertrages kommt. Die Geburtenrate liegt bei 1,2 Kindern pro Familie.

Nicht nur die Erledigung der anfallenden Arbeiten geht nun also immer schneller – es fällt auch weniger an. Ohne es zu wollen, hat der neue Adel mit seinem stetig steigenden Angebot an Haushaltsrobotern und Chemikalien die Budgetdirektoren der neuen Konsumgesellschaft von ihren Fesseln befreit. Bei weiterhin stetig steigenden Einkommen ihrer Außendienstler hat die Hälfte der erwachsenen Bevölkerung nur noch einen kleinen Teil der Pflichten von ehedem.

Arie der Automationsopfer (Immoderato)

Was nun geschieht, haben weder Befreier noch Befreite vorausgesehen. Wie die Menschen nach dem Sieg der Planwirtschaft unter der stetig wachsenden Unfreiheit zu leiden beginnen, macht ihnen nach dem der Marktwirtschaft der stetige Zuwachs an Freiheit zu schaffen.

Und natürlich muß auch dieses Übel zunächst die phantasievolleren unter den befreiten Heimarbeitern treffen. Anstatt daß sie sich ihrer neugewonnenen Unabhängigkeit freuen – schwatzen, lesen, mit ihren 1,2 Kindern spielen –, beginnt sich eine Art Unruhe unter ihnen auszubreiten. Ohne das Anästhetikum Arbeit kommen auch die altbekannten Ängste: die vor der Sinnlosigkeit, die vor dem Tod, die vor der Freiheit. Obwohl es ihnen nun doch soviel besser geht, fühlen sie sich unglücklicher als je zuvor: Wenn man von einem »neuen Bewußtsein« spricht, ist das nicht übertrieben.

Nur ein kleiner Teil entledigt sich des Problems, indem er wieder mehr Kinder bekommt. Wie wir im entsprechenden Kapitel sahen, kann gerade für Phantasiebegabte das Menschenmachen kein Mittel der Arbeitsplatzbeschaffung sein. Außerdem werden Kinder erwachsen – für wen arbeitet man dann? Hat es der Außendienstler da nicht besser? Ein Vorgesetzter läuft einem nicht davon.

Mit anderen Worten: In den fortschrittlichsten der westlichen Industrieländer hat, gerade aufgrund des guten Funktionierens des neuen Systems, die *Automation der Hausarbeit* stattgefunden. Die intelligenteren unter den ehemaligen Heimarbeitern sind ihre ersten Opfer und zeigen daher die üblichen Symptome des *Arbeitslosen*: sinkendes Selbstwertgefühl, allgemeine Unzufriedenheit, Aggressivität, Unruhe, Depression.

Doch natürlich läßt sich diese *Sehnsucht nach mehr Unfreiheit* so kurz nach dem Sieg über die alten Herrschaftsstrukturen nicht gut als das diagnostizieren, was sie ist. Der Kampf der endlich Befreiten um die Lebensform des Industriearbeiters – um Vorschriften, Mauern, Aufsicht, feste Stundenpläne, physische Erschöpfung – wird als *Freiheitskampf* bezeichnet. Man sei es eben leid: In Zukunft wolle man sein Geld nicht mehr nach einer mäßigen Anstrengung von einem geliebten Außendienstler, sondern nach einer großen von einem ungeliebten Chef.

Das Drum und Dran dieses zuweilen etwas unbeholfen geführten Arbeitskampfes der ersten Automationsopfer wird – in Verkennung seines eigentlichen, mehr oder weniger unbewußten Zwecks – als *Emanzipationsbewegung* deklariert. Seine im Eifer des Gefechts stets ein wenig über das Ziel hinausschießenden Vorläuferinnen bezeichnet man abschätzig als *Emanzen*.

Die wirtschaftlichen Folgen sind jedoch rasch zu spüren. Wo früher nur fünfzig Prozent der Bevölkerung einen Arbeitsplatz benötigten, marschieren nun bald sechzig, siebzig und noch mehr Prozent der Erwachsenen auf den Arbeitsmarkt. Und je weniger Arbeit da ist, desto schneller wächst die Zahl der Aspiranten. Auch von denen, die mit der neuen Freiheit eigentlich gut zurechtkommen – den phantasieloseren unter den ehemaligen Heimarbeitern –, bewerben sich viele um bezahlte Beschäftigung. Das in den Gesetzbüchern des Spätkapitalismus verankerte Recht auf eine Tätigkeit eigener Wahl macht sich nun bezahlt: Wer nicht das finden kann, was er am liebsten tut, erhält zunächst fast soviel Lohn, als ob er es täte – und natürlich kommt dies dem stetig wachsenden Komfortbedürfnis der Dümmeren nicht ungelegen. Die weniger beliebten Arbeiten hat man sowieso längst Menschenimporten aus den schwarzen Regionen anvertraut. Die hier Beschäftigten erkennt man schon daran, daß ihre Hautfarbe stets ein paar Nuancen dunkler ist – man nennt sie Gäste und läßt sich bedienen.

Und all diese neuen Arbeitskräfte haben eine Besonderheit: Selbstverständlich fordern sie die gleiche Bezahlung wie die alten (*gleicher Lohn für gleiche Arbeit*, lautet die Parole), doch nur ganz wenige sind bereit, von diesem Lohn einen eigenen Heimarbeiter *(Hausmann)* zu ernähren: Wozu auch, es gibt ja zu Hause nichts mehr zu tun! Die 1,2 Kinder wären bei den sorgfältig auszubildenden Fachkräften von Kinderkrippen und Ganztagsschulen wahrhaftig besser aufgehoben als bei ihren Vätern, die im Fall des Rollentausches ja lediglich *arbeitslose Industriearbeiter* wären.

Und keiner traut sich, das Problem beim Namen zu nennen. Dank seiner stetig steigenden Lebenserwartung stellt nun der Heimarbeiter (er verausgabt sich weniger als sein Außendienstler, das Gebären ist ohnehin narrensicher) das Hauptkontingent der Wählerschaft. Ein Politiker wird sich hüten, ausgerechnet die Mehrheit vor den Kopf zu stoßen. Auch die Presse hat kein Interesse an Kritik: Ihre Erzeugnisse werden über die Anzeigen für Konsumgüter finanziert. Wenn der Heimarbeiter eine bestimmte Zeitschrift nicht mehr kauft, weil ihm der redaktionelle Teil mißfällt, bleiben auch die an ihn adressierten Anzeigen weg. Die Unternehmer verhalten sich abwartend – die Heimarbeiter sind schließlich ihre besten Kunden. Die Bankiers, inzwischen vornehm geworden, halten sich vornehm zurück.

Anstatt einer Lösung findet man eine *Sprachregelung:* Wo ein ehemaliger Heimarbeiter keine Arbeit hat, bedauert man ihn, weil er zur Untätigkeit verdammt ist. Wo er arbeitet, bemitleidet man ihn wegen seiner »Doppelbelastung«. Mathematik hin oder her – man weiß doch, wie gern er das hört.

Obschon die neue Gesellschaft nun also mitten in ihrer ersten Krise steckt, macht sich keiner neue Gedanken. Wie auch? Die Hierarchien sind fest etabliert, nach bewährter Manier sind nach und nach überall die Phantasielosen an die Spitze gelangt. Was die Stunde der Intelligenz gewesen wäre, wird zur Götterdämmerung der Beschränkten.

Chor der Gewerkschaftsführer (Furioso)

Als erste kommen die Gewerkschaftler zu ihrem großen Auftritt. Nach dem Versagen der übrigen Gruppen hätten gerade sie die sich immer deutlicher ankündigende Massenarbeitslosigkeit noch immer aufhalten können. Das Problem kommt unterdessen ja auch noch von einer zweiten Seite: Nach ihrem Triumphzug durch die Haushalte sind die Roboter auch in den Betrieben im Vormarsch. *Dann mal los,* sprechen die Kumpels zu ihren Vertretern, *nun dürft ihr uns* beweisen, was ihr könnt. Die Gewerkschaftler ergreifen die gute Gelegenheit und beweisen ihnen – wie auch anders? – ihren Mangel an Phantasie.

Denn das Gebot der Stunde hätte nun gelautet, Arbeitszeit und Lohn in dem Tempo zu senken, wie die neuen, auf den hervorragenden Schulen des Spätkapitalismus bereits bestens ausgebildeten, arbeitslosen Heimarbeiter auf den Arbeitsmarkt kommen: Wenn eines Tages jeder nur noch für sich selbst (und seine 0,6 Kinder) zu sorgen hat, braucht ja auch sein Einkommen nur noch halb so hoch zu sein, nicht wahr?

Die Arbeitssuche der ehemaligen Heimarbeiter wäre der

ideale Ausgangspunkt für eine zweite – diesmal unblutige – Sozialrevolution gewesen. Mit gutem Grund hatten die früheren Arbeitsängste stets mehr Lohn zum Ziel gehabt.

Die neuen hätten von den Gewerkschaften eindeutig für mehr Zeit geführt werden müssen: Wie die Umfragen zeigen, wäre dies der Mehrheit der Bevölkerung nur allzu willkommen. Weniger Arbeitsstunden bei entsprechend reduziertem Verdienst – *jedem seinen Beruf, ein eigenes Einkommen und trotzdem etwas Zeit zum Leben:* Dies ist die Revolution, von der vor allem die jüngeren Arbeitnehmer, die berufstätigen und die arbeitslosen Frauen träumen. Und auch den Älteren wäre damit gedient – könnten sie doch bei einem erheblich reduzierten Tagespensum selbst bestimmen, ob und wann sie sich in den Ruhestand begeben. Die Kinder berufstätiger Eltern wären nur noch halb so lang allein und würden endlich auch ihre Väter kennenlernen. Denn auch die Männer hätten nun ein wenig Zeit für das, was ihnen am Herzen liegt.*

Doch leider haben die Verwalter aller dieser Träume andere Ambitionen. In der wachsenden Arbeitslosigkeit sehen sie ein Problem für Politiker und Rentenkassen. Sie, die Gewerkschaftler, sind für ihre Mitglieder da – für die also, die Arbeit haben. Und geht es den Arbeitern und Angestellten nicht gerade deswegen so gut, weil sie in der Vergangenheit immer hart geblieben sind? Nach langem Beraten über die neue Lage entscheiden sie sich für die alte Strategie: Kürzere Arbeitszeiten könnt ihr haben, sagen sie den Unternehmern, aber die Löhne müssen trotzdem steigen. Weil sonst gestreikt wird, verstanden?

Und so verliert die Arbeitnehmerschaft der Industrieländer einen guten Teil ihrer so mühsam errungenen Macht an ihre Erzfeinde zurück. Der neue Reiche läßt die Maske fallen: Was hervorkommt, ist der alte. Und dank der von Tag zu Tag größer werdenden Arbeitslosigkeit fühlt er sich bald schon wie in der guten alten Zeit.

---

* Die Autorin hat die Vorzüge eines solchen Modells in drei Büchern beschrieben: Die Fünf-Stunden-Gesellschaft. Argumente für eine Utopie. München 1981; Alt-Manifest gegen die Herrschaft der Jungen. München 1980; Bitte keinen Mozart. Märchen für Kinder und Erwachsene. München 1981.

Und auch seine Phantasielosigkeit ist die gleiche geblieben. Anstatt zu handeln, wo die Gewerkschaftler versagen, und in ihren Betrieben aus eigener Initiative Stellen mit verkürzter Arbeitszeit und entsprechend verkürzten Gehältern anzubieten, nehmen sie den entgegengesetzten Weg. Das Überangebot an Arbeitskräften kommt ihnen wie gerufen: Endlich können sie wieder wählen, wen sie für sich arbeiten lassen. Daher zunächst einmal *weg mit den Alten:* Die Arbeitsplätze für Jugendliche gehen schließlich vor. Und dann *her mit den Maschinen:* Ihr Narren, ihr seid nicht besser als Automaten und somit ersetzbar, alle, kapiert? Und verschont uns um Himmels willen mit euren Weibern: Was gibt eine Schwangere schon her?

Und je stärker die Angst vor Verlust des Arbeitsplatzes wird, desto mehr muß die Leistung derer steigen, die noch einen haben. Dank zweier sich gegenseitig potenzierender Dummheiten – die der Gewerkschaftsbosse und die der Unternehmer – ist in den weißen Zonen das Glück der Gründerzeit verflogen. Anstatt daß nun dank der Automation der Hausarbeit jeder Erwachsene einen gerechten Anteil an Beschäftigung und Freizeit bekommen hat, ist die Gesellschaft in zwei Gruppen gespalten: eine, die sich zu Tode arbeitet (vorzugsweise Männer zwischen 25 und 45), und eine zweite, die sich zu Tode langweilt (zu Alte, zu Junge, ehemalige Heimarbeiter).

Die stetig steigende Zahl dieser letzteren entleert langsam die Rentenkassen. Um das soziale Netz zu halten, an dem schließlich der seidene Faden ihrer Wiederwahl hängt, machen die Politiker immer größere Schulden bei ihrem Staat ... Nur die Gewerkschaftsfunktionäre zeigen weiterhin Charakter: Nein. Die Löhne haben zu steigen. Das ist unser letztes Wort.

Auszug der Unternehmer (Andante)

Und während sie so ihre Evergreens ins Publikum schmettern, ist man an anderer Stelle der Bühne längst beim nächsten Akt. Beinahe unbemerkt haben sich viele der beschimpften Unternehmer aus dem Staub der ersten

Welt davongemacht und in der dritten noch einmal von vorn begonnen.

Man ist sie nun endgültig leid, die Weltfremdheit dieser primitiven Gewerkschaftsleute. Die immer horrenderen Lohnkosten. Den Kampf um jede Maschine, mit der man sie einzudämmen versucht. Die Undankbarkeit der Arbeiter, denen man schließlich mit seinem unternehmerischen Risiko zu Haus und Auto verholfen hat. – In Zukunft wird man eben dort arbeiten lassen, wo man sich noch freut, wenn man einen dynamischen Unternehmer sieht ... Ja, warum ist man eigentlich nicht schon früher drauf gekommen? Da bezieht man nun seit Jahrzehnten die allerbilligsten Rohstoffe aus den Entwicklungsländern, aber das preiswerte Menschenmaterial, das direkt daneben seinen Dornröschenschlaf döst, hat man glatt übersehen.

Das ist aber leicht zu ändern: Wo immer es sich empfiehlt, wird die Produktion aus den weißen in die schwarzen Bezirke verlegt. Anstatt sich zu plagen, die mit hohen Löhnen bezahlten Fabrikate an das meist ärmere Ausland zu verhökern, machen die Unternehmer es umgekehrt: Sie lassen arbeiten, wo es billig ist, und verkaufen möglichst teuer nach Hause. Denn hier hat der verhätschelte Arbeiter schließlich das Geld, um für das alles zu zahlen.

Wie anders ist da doch dessen Kollege in der schwarzen Region: dankbar, bescheiden, billiger als jede Maschine, bei Ermüdungserscheinungen rascher ersetzbar als ein ausgeleiertes Gewinde: Jawohl, diese Spatzen in der Hand können einem wahrhaftig lieber sein als die Tauben zu Hause. – Und obwohl man nun gezwungen ist, in zwei total verschiedenen Welten zu disponieren, ist man ausgeglichener als zuvor: In den weißen Zonen trägt man seine weiße Weste und ist freundlich zu jedermann, in den schwarzen krempelt man die Ärmel hoch und redet Tacheles.

Und keiner braucht die Peitsche selber in die Hand zu nehmen. Wo die Leute nicht spuren, sorgt die gastgebende Dreifaltigkeit aus Militär, Großgrundbesitz und Kirche für Ordnung und Moral. Die Fabriken der dynamischen Ausländer dienen schließlich einem guten Zweck.

Dank der Fürsorge der bei dem Deal natürlich ebenfalls nicht leer ausgehenden Gastgeber – *leben und leben lassen* – darf man sich in seinem Entwicklungsland bald heimischer als zu Hause fühlen.

Die Profite legt man trotzdem lieber in den weißen Zonen an. So ganz geheuer ist einem die Sache ja nun auch wieder nicht: Obwohl man da soviel Schwung in die verschlafene Bude bringt, scheint es dem Gros dieser armen Schweine einfach nicht besserzugehen. Zugegeben, die Löhne sind nicht gerade üppig – aber was braucht man schon groß in einem warmen Land? Und daß sie ihre Rohstoffe nicht teuer verkaufen können, nun, das liegt schließlich an den Weltmarktpreisen. Was diesen Ländern überall fehlt, ist die Infrastruktur: keine Straßen, keine Schulen, kein Wasser, kein Licht... Aber mit etwas gutem Willen muß das doch zu finanzieren sein. Ein ordentliches Verkehrsnetz, ein paar Staudämme, Schulen, Universitäten, Krankenhäuser – ein kleines Kernkraftwerk vielleicht. Und dann ein paar neue Panzer, um all dies vor den neidischen Nachbarn zu schützen... Man nimmt sich vor, die neuen Gedanken gleich in der Pause seinem Hausbankier zu unterbreiten:

Aufmerksam hört der zu, stellt das Sektglas beiseite, nimmt den Taschenrechner zur Hand. Und wenn es dann klingelt und der vorletzte Akt beginnt, wird alles ganz anders, als es im Programmheft steht.

Einmarsch der Banker (Finale)

Mit dem Eingreifen der Hochfinanz wurde in den Ländern der dritten Welt – und später auch in der ersten – tatsächlich alles anders. Die vielen mehr oder weniger regional begrenzten, mehr oder weniger konkurrierenden Dummheiten des nach kapitalistischem Prinzip funktionierenden Teils der Erde gerieten in die Umklammerung einer einzigen, überregionalen, absolut konkurrenzlosen Beschränktheit.

Bis in die siebziger Jahre hatte die Unternehmungslust ihrer Klienten die westlichen Geldinstitute reicher und reicher gemacht. Der 25. Oktober 1929 und die vielen anderen schwarzen Freitage waren darüber längst vergessen: Ich bitte Sie, natürlich waren das auch Bankiers – aber einem Banker von heute könnte das doch nicht mehr passieren. Hier dürfte es sich um ein ganz alltägliches Problem von Angebot und Nachfrage handeln. Und haben die Banken der Industrieländer nicht die Mittel, die den Entwicklungsländern fehlen? Ist in der Vergangenheit nicht um so mehr zurückgeflossen, je freudiger wir uns engagierten? Dann also los: Wer zuerst da ist, leiht zuerst!

Die Kombination war teuflisch: Die Phantasielosigkeit der kreditgebenden Bankiers aus den Industrieländern und die der kreditnehmenden Politiker aus den Entwicklungsländern schienen auf die fatalste Weise füreinander geschaffen. Denn beide Seiten wollten ja nur das übliche *Mehr:* Die Bankiers träumten von noch ein wenig mächtigeren Banken, die Politiker wären gern an der Spitze etwas wichtigerer Länder gewesen. Doch für die einen bedeutete hier *mehr* (zunächst) *mehr Geben*, während für die anderen damit (zunächst) *mehr Nehmen* verbunden war. So vergab denn die erste Welt immer größere Kredite, und die dritte machte immer höhere Schuldenberge. Und als dann wenigstens die Finanzleute aus dem Goldrausch erwachten, war es für beide Seiten zu spät. Auf die alte Bankiersregel: »Leih nie jemandem Geld, der Geld borgen muß, um seine Zinsen zu bezahlen«, verzichteten sie rasch. Wie sollte der Schuldner zahlen, wenn man ihm kein Geld dafür gab?

So sind die Schulden der Entwicklungsländer bei den westlichen Industriestaaten inzwischen auf über fünfhundert Milliarden Dollar angestiegen. Die kreativen Banker sitzen in der selbstkreierten Falle: Wenn sie darauf bestehen, ihre Gelder einzutreiben, sind die Schuldnerländer bankrott. Wenn sie ihnen die Schuld erlassen, können die eigenen Banken zerbrechen. Und in beiden Fällen wäre das Wirtschaftsgefüge der westlichen Welt zerstört.

Unter ihrem Druck fordern die nun ebenfalls aufgeschreckten Dritte-Welt-Politiker ihren ausgelaugten Bürgern noch einmal das Äußerste ab – für die Taschen der Gläubiger diesmal, nicht für die eigenen. Und verstärken so nur den Druck von unten. Denn während die reichen Länder unterdessen noch ein wenig reicher werden, werden die armen noch ein weniger ärmer. Der Augenblick, in dem die Geduld der Besitzlosen in Gewalt gegen die Besitzenden umschlagen muß, kommt noch schneller.

Und diese ganze, vorwiegend abendländisch organisierte Landschaft wird zusätzlich in Atem gehalten von der Beschränktheit des Morgenlandes: Nach bestem Unwissen drehen die Scheichs *(Ihr Snobs, jetzt werden wir's euch zeigen)* darüber ihre Ölleitungen auf und zu. Beim Aufdrehen geraten sie derart in Schwung, daß der rasch sinkende Ölpreis ihre eigene Wirtschaft ins Schleudern bringt. Und wenn sie sich dann, verschreckt über die Wirkung ihrer langen Arme, aufs gemeinsame Zudrehen einigen, tun sie das so entschlossen, daß der Schock des Ölentzugs nicht nur die Wirtschaft der Industrieländer erschüttert – das könnte ihnen ja egal sein –, sondern auch die Milliardenvermögen, die sie während der fetten Jahre dort anlegten.

Und natürlich macht das auch das Leben in jenen Dritte-Welt-Ländern weniger langweilig, die ihre Schulden mit ersten Ölexporten zu tilgen hofften: Ein Schritt nach vorn, wenn die Araber zudrehen, drei nach hinten, wenn sie dann wieder aufmachen. Direkt in die Arme der Guerilla, die die Finanziers der Planwirtschaft – auch auf ihre Beschränktheit ist ja Verlaß – dort ausstaffieren. Müssen eben die Genossen Werktätigen in der Heimat die Gürtel noch ein wenig enger schnallen. Diese Ausgebeuteten sind schließlich ihre Brüder.

Und über dieser ganzen Wahnsinnsszenerie thronte dann für eine doppelte Amtsperiode ein ehemaliger Filmschauspieler, der – »*You ain't seen nothin' yet*« – den ›Krieg der Sterne‹ finanzierte. Seine dreihundert Milliarden Dollar Auslandsschulden konnten ihn nicht schrekken. Im Gegenteil: Da er voraussetzen mußte, daß sich das »Imperium des Bösen« jede Schwäche der »freien Welt« zunutze machen würde, rüstete er sein Reich in eben dieser jährlichen Größenordnung noch weiter auf. Wenn die Waffen der Kremlgeneräle jeden Erdbewohner inzwischen zehnmal töten konnten, betrachtete er es als seine heilige Pflicht, im Pentagon für elffachen Overkill zu sorgen: »Wer, wenn nicht wir, soll diese freie Welt verteidigen? Wer, wenn nicht wir, kann die Völker der dritten Welt – *gerade jetzt, in diesem geschwächten Zustand* – vor dem Imperium des Bösen schützen? Haben sie nicht schon überall ihre Agenten?«

Gesetz der ausgleichenden Ungerechtigkeit

Das Imperium des Bösen. Schön wär's. Würde es doch bedeuten, daß wenigstens auf der einen Hälfte des Globus das Gute den Sieg davongetragen hat.

Werfen wir so kurz vor dem Ende noch einmal einen Blick auf das Bühnenbild. Wer die roten Zonen mit den weißen vergleicht, muß die kapitalistischen Länder zu einem Hort der Gerechtigkeit proklamieren. Doch zur kapitalistischen Welt gehören ja nicht nur die weißen, sondern auch die schwarzen Gebiete. Nicht nur die, die trotz der Arbeitslosigkeit in ihren Ländern immer wohlhabender werden, sollten sich in der rechten Waagschale finden, sondern auch die, auf deren Kosten dieses Wunder möglich ist. Wer dann die linke mit der rechten Seite vergleicht, wird feststellen, daß sich das Unglück die Waage hält. Der Unterschied liegt in der Verteilung: In der Planwirtschaft hat sich das Mittelmaß durchgesetzt. In der Marktwirtschaft taten es die Extreme.

Nahrung zum Beispiel haben in der Planwirtschaft alle weniger, als sie wollen. In der Marktwirtschaft sterben die einen an Übergewicht, die anderen an Unterernährung.

Die Wohnung wird in der Planwirtschaft im besten Fall ein Zimmer sein. In der Marktwirtschaft haben die einen einen Bungalow plus Ferienhaus, die anderen übernachten im Freien.

Zu kaufen gibt es in der Planwirtschaft so gut wie nichts. In der Marktwirtschaft hat der eine zwei Autos, der andere kommt nicht einmal zu Schuhen.

Allzuviel *Kinder* sind in der Planwirtschaft nirgendwo gern gesehen. In der Marktwirtschaft bekommt der eine fürs Gebären eine Prämie, der andere sieht seinem Neugeborenen beim Verhungern zu.

Reisen kann man in der Planwirtschaft gerade bis zur Tante in der übernächsten Stadt. In der Marktwirtschaft jetten die einen um die Erde, die andern können sich nicht einmal den Lokalbus leisten.

Seine *Meinung* kann in der Planwirtschaft keiner publizieren. In der Marktwirtschaft macht das wenig Unterschied: Dort, wo Literatur Folgen hätte, können die Menschen weder schreiben noch lesen.

Der Glaube hat in der Planwirtschaft der ewigen Weisheit der Partei zu gelten. In der Marktwirtschaft dürfen die einen glauben, an was sie wollen – falls sie das aushalten, sogar an *nichts* –, die andern kriegen es schon beim kleinsten Zweifel mit der ewigen Weisheit ihrer Staatskirche zu tun.

Vor *Gefängnis* und *Folter* wird in der Planwirtschaft nicht einmal der Justizminister ganz sicher sein. In der Marktwirtschaft kann der eine für sein Recht durch drei Instanzen gehen, während der andere beim ersten Aufmucken im Verlies seiner Junta verschwindet.

Leben und leben lassen – die gleichen Parolen dort wie hier. Doch dort leben die Eliten gut und die Bürger miserabel (und falls einige verhungern, erfahren sie es nicht). Hier leben die Etablierten prachtvoll, und gerade deshalb kann es auch vielen Bürgern so herrlich gehen. Beim Sterben der andern drückt man da schon ein Auge zu: Schrecklich, ja, aber so ist das nun einmal. Zum Glück haben diese einfachen Menschen ja eine ganz andere Einstellung als wir. Der Tod ist für die ein Teil des Lebens. Beneidenswert.

Das kleinere Übel ist abgeschafft

Bleibt die Dummheit sich gleich, wechselt sie nur die Fronten? Das von Jacques Maritain erst vor ein paar Jahrzehnten niedergeschriebene »Erhaltungsgesetz der Dummheit«[*] scheint bereits überholt zu sein. Denn heute könnte man so etwas schon nicht mehr formulieren: Die Dummheit ist jetzt überall. Und deshalb gibt es auch

---

[*] Jacques Maritain: Le Paysan de la Garonne. Paris 1966

keine brauchbare Strategie, um wenigstens einen Frontenwechsel herbeizuführen. Die Zeiten, in denen ein phantasievoller Mensch sich für das jeweils kleinere Übel entscheiden konnte, sind vorüber: Dieses kleinere Übel existiert nur noch in den allerseltensten Fällen.

So gibt es im Zeitalter der Friedensbewegung keine intelligente Möglichkeit, gegen den Krieg zu sein: Wenn man nicht abrüstet, geht es irgendwann aus Versehen los. Wenn man abrüstet, kommen irgendwann die andern. Denn bis zum Jahr 2000 werden, wie gesagt, fünfzig Länder in der Lage sein, die Bombe herzustellen.

Im Zeitalter weltweiter Hungerhilfe gibt es keinen Weg zur Bekämpfung des Hungers: Das kleine Mädchen, das wir heute füttern, wird schon übermorgen die Mutter mehrerer unterernährter Kinder sein.

Im Zeitalter der Glaubensfreiheit gibt es kein Programm gegen die Kirchendiktatur in den schwarzen Zonen: Wenn man die Religionsführer gewähren läßt, behalten sie die Bevölkerung mit Gewalt im Griff, wenn man sie einsperrt, wird sie sich ihnen freiwillig und um so fanatischer beugen (und jeden ans Kreuz nageln, der da nicht mitmacht).

Im Zeitalter der Altenemanzipation fällt es schwer, für die Selbstbestimmung der Alten zu plädieren: Es könnte dann nämlich passieren, daß ein Sechzigjähriger selbst bestimmt, ob er sich in den Ruhestand kommandieren läßt. In diesem Fall wäre dann einem Jungen der Arbeitsplatz zu streichen: Denn was macht einen jungen Arbeitslosen, der doch dank seiner Jugend noch so vieles andere machen könnte, bedauernswerter als einen alten, für den sein Beruf nun vielleicht alles ist?

Im Zeitalter der Gesundheitsfürsorge gibt es kein Rezept für gesunde Luft. Falls man die Industrien schließt, die sie vergiften, gehen als erstes die Arbeitsplätze derer verloren, deren Kinder im Augenblick ja vielleicht nur ein bißchen viel husten.

Im Zeitalter des Computers können wir die dank stetiger Vergrößerung des Ozonlochs, Pol-Schmelze und Treibhauseffekt auf uns zurollende Klimakatastrophe exakt vorausberechnen. Doch nun bräuchten wir den Milliardenetat der Autoindustrie, um in einer Gesellschaft von Autosüchtigen für Abstinenz zu werben.

Auch nach Tschernobyl und Harrisburg gibt es keinen Ausweg aus dem Dilemma der Atomkraftwerke. Falls man sie nicht schließt, wird es früher oder später ein Unglück geben. Falls man sie schließt, ist die Wirtschaft dezimiert, und das Unglück passiert trotzdem: Gleich hinter der Grenze stehen ja die Reaktoren des Nachbarn.

Auch nach dem Aufweichen des Ostblocks gibt es keine Hoffnung auf eine ideologiefreie Welt. Das alte Feindbild – Kommunismus/Kapitalismus – ist alsbald durch ein neues ersetzt, und man darf sich schon gratulieren, wenn es nicht wieder einmal die Juden trifft.

Angesichts dieses Standes der Dinge ist das Protestieren und Demonstrieren in den meisten Bereichen zu einem Steckenpferd für Kurzsichtige geworden. Die Phantasievollen halten nur noch den Atem an: Wohin sie auch blicken, ist der Ausweg verstellt. Was immer sie planen – sie lassen es bleiben: Schon die kleinste Bewegung kann ja das Kartenhaus zum Einsturz bringen, jeder Schritt in eine bestimmte Richtung könnte der letzte sein. Nach dem Bankrott der Planwirtschaft ist der Traum von der klassenlosen Gesellschaft ausgeträumt. Zurück bleibt die Gewißheit vom klassenlosen Sterben. Denn während die Dummheit früherer Eliten die einen aufs Schlachtfeld und die andern unter die Guillotine führte, beschert die der neuen uns allen den gleichmacherischen Katastrophentod.

Lieber tot als rot

Doch wirklich vorstellen können sich das nicht einmal die Phantasievollsten unter uns. Es fällt ihnen noch leichter, sich einen intelligenten Gott zu erfinden, der das alles im letzten Augenblick verhindert, als einen dummen General, der dann wirklich auf den Knopf drückt. Ihre Ängste reagieren sie an Horrorgemälden, Weltuntergangsgedichten oder Science-fiction-Filmen ab: ›Testament‹, ›Halflife‹, ›When the Wind Blows‹, ›The Day After‹ heißen heute die Produkte aus der Alptraumfabrik. Doch wenn ihre Autoren wirklich an die Zukunft glauben würden, die sie uns da zeigen, hätten sie ihre Werke erst gar nicht in Angriff genommen: Wer schlägt sich mit einem Filmbudget herum, wenn vielleicht schon morgen keiner mehr ins Kino geht? Einen Grund für Optimismus liefert diese zähe Überlebenslust unserer Künstler jedenfalls nicht. Sie beweist nur, wie schwer es sogar ihnen fällt, diese Wirklichkeit nicht für einen bösen Traum zu halten ...

Doch in der realen Welt hat bisher die Dummheit noch immer alle Grenzen des Vorstellbaren gesprengt ... So sind zum Beispiel alle großen Kriege dieses Jahrhunderts von der Macht verloren worden, die sie begonnen hat.[*] Und trotzdem hat daraus niemand die Lehre gezogen, keinen weiteren Krieg mehr anzufangen. »Wenn ihr nicht macht, was wir sagen, werdet ihr sterben«, sprachen sie früher – und starben dann zunächst einmal selbst. »Wenn ihr nicht macht, was wir sagen, sterben wir alle«, müßte es heute heißen. Und zweifellos hat diese Absolutheit die Trauben der Generäle um einiges höher gehängt. Doch irgendwann wird auch hier einer kommen, der sich nicht einschüchtern läßt: *Lieber tot als rot (schwarz, grün, braun, gelb ...)*, wird er sagen und damit auch den letzten aller möglichen Sätze ausgesprochen haben.

Mister Murphy is an optimist

Jeder kennt Murphys ein wenig flott formuliertes Gesetz: »Wenn etwas schiefgehen kann, dann wird es auch schiefgehen.« Doch als dieser Satz dann eines Tages auf einem Plakat der New Yorker Subway geschrieben stand, kritzelte ein logisch denkender Passant »Mister Murphy ist ein Optimist« darunter.

Und in der Tat: *Alles* kann eben *nicht* schiefgehen – weil ja zumindest theoretisch auch alles gutgehen könnte. Es muß also auch bei Murphys düsterer Regel die berühmten Ausnahmen geben – lauter glückliche in diesem Fall. Und bei unserem Spezialproblem – dem der Weltrettung – würde diese Wendung zum Glücklichen wohl kaum dadurch entstehen, daß eine der handelnden Partei-

---

[*] John G. Stroessinger: Why Nations Go To War. New York 1974

en sich mittendrin von der eigenen Intelligenz überwältigen läßt. Nein, viel wahrscheinlicher ist, daß uns hier das Aufeinandertreffen mehrerer Dummheiten einmal ein unverhofft positives Ergebnis beschert.

Da haben zum Beispiel in der jüngeren Geschichte Südamerikas ein paar beschränkte Generäle wegen einer praktisch unbewohnbaren Insel der Führerin einer Weltmacht den Krieg erklärt. Vielleicht hatten sie dabei auch ein wenig auf die Intelligenz der Gegnerin gesetzt: Wegen einer fast unbewohnbaren Insel ließe eine Frau doch ganz bestimmt kein Blut vergießen. Und natürlich hatten sie sich verkalkuliert.

Dies hätte nun leicht zum Dritten Weltkrieg führen können: Mit der von ihren Führern zu erwartenden Phantasie hatten sich Marktwirtschaft und Planwirtschaft sofort hinter je eine Seite gestellt, und es heißt, daß die Premierministerin der Weltmacht sogar den Einsatz von Nuklearwaffen in Erwägung zog... Doch dann war das Pulver der übermütigen Generäle doch rascher verschossen, als die Experten erwartet hatten. Schon nach ein paar läppischen hundert Toten – halbe Kinder noch, was soll's also? – mußten die Angreifer die weiße Flagge hissen.

Und sowohl beim Sieger als auch beim Besiegten geschah diesmal nur das Wunderbarste. Die Dame, deren Wiederwahl vorher ernsthaft gefährdet gewesen war, wurde dank ihres vom Sieg über ein paar Hinterwäldler berauschten Volkes im Triumphzug in die nächste Amtsperiode getragen. Und so ganz nebenbei hatte sie auch ihrem Geschlecht noch einen Dienst erwiesen. Konnte sie doch den Wählern zeigen, wie ungefährlich es ist, eine Frau in ein hohes Amt zu hieven: Im Ernstfall benimmt sie sich genau wie ein Mann.

Und auch in dem südamerikanischen Land war passiert, was kein intelligenter Mensch voraussehen konnte. Die Junta-Generäle, die in den Jahren ihrer Herrschaft zehntausend ihrer Landsleute zu Tode foltern ließen, ohne sich dabei im allergeringsten zu genieren, wurden nach dieser Niederlage – gegen eine Frau! – dermaßen von Scham ergriffen, daß sie sich freiwillig zurückzogen. Das Volk, das paradoxerweise seinen Peinigern beim Sturm auf die Insel hysterisch zugejubelt hatte, wurde seiner

Beschränktheit zum Trotz mit einem demokratischen Präsidenten belohnt.

(Zugegeben: Diese Volksbewegungen bei Siegern und Besiegten wären der perfekte Anlaß, hier ein Kapitel über das Vorkommen der Dummheit in den unteren Schichten anzufügen. Doch aus den im ersten Abschnitt erwähnten Gründen soll darauf verzichtet werden.)

Jedenfalls liegt in solcherlei Beschränktheitskonstellationen auch in Zukunft unsere große Chance. So erschließen sich für die Erhaltung des Weltfriedens zum Beispiel folgende Möglichkeiten:

a) Der vierundvierzigste Präsident der Vereinigten Staaten von Amerika, nennen wir ihn J. J. Kilroy, Spitzname »Lovemachine«, beschließt eines Tages, den immer dreister auftretenden Arabern einen Präventivschlag zu verpassen. Frauenverehrer, der er ist, möchte er jedoch den weiblichen Piloten seiner Air Force die gefährliche Mission ersparen und befiehlt, daß sie zu Hause bleiben. Deren männliche Kollegen vermögen in dieser galanten Geste ihres Präsidenten jedoch nur die übliche Diskriminierung des schönen Geschlechts zu erkennen und verweigern aus Gründen der Solidarität nun ebenfalls ihre Dienste. Der Einsatz muß verschoben werden, und später hat man es sich dann vielleicht schon wieder ganz anders überlegt.

b) Die Japaner verlieren im Handelskrieg mit den USA endgültig die Nerven und wollen in einer Nacht-und-Nebel-Aktion das New Yorker World Trade Center sprengen. Doch dann entdeckt ihr auf der Freiheitsstatue als Beobachter postierter Botschafter im letzten Augenblick, daß ausgerechnet in dieser historischen Stunde seine Kamera nicht funktioniert. Und ohne Fotos, das weiß er, kann er dem japanischen Volk unmöglich unter die Augen treten. Das zweite Pearl Harbor wird für diesen Tag abgeblasen, und am nächsten entscheidet man sich dann doch nur für eine Sprengung des Eiffelturms. Protest ist schließlich Protest, und die Franzosen, das weiß man, könnten sich gar nicht rächen. Hatte ihr Präsident nicht gerade aus humanitären Gründen die legendäre *Force de frappe* abgeschafft?

c) Der Herr in China, ein gewisser Wang Yao Ping, sieht in einer bestimmten überraschenden Situation keinen anderen Ausweg, als auf den Knopf zu drücken. Er zieht sich mit der Verteidigungsministerin in den Kriegsraum zurück, gibt ihr ein paar herzliche Abschiedsküsse auf die Wangen. In diesem Augenblick stürmt seine Frau herein, die schon immer den Verdacht hegte, ihr Mann habe bei der Ernennung eines weiblichen Verteidigungsministers keine lauteren Absichten gehabt. Hier war nun endlich der Beweis. Warum sonst sollte er mit ihr in den abgelegenen Kriegsraum gegangen sein – schließlich war doch Frieden! Sie entreißt dem verblüfften Gatten die Dienstpistole und schießt ihn mitsamt seiner Uniformierten über den Haufen. Die Welt ist wieder einmal gerettet worden.

Mister Murphy is an optimist: Genauso groß wie die Wahrscheinlichkeit einer Ausnahme von Murphys rabenschwarzer Regel ist wohl unsere Chance des Davonkommens. Und nicht die Intelligenten werden sie uns bescheren, sondern die betörende Dummheit der anderen.

Wir, die wir weder zu dieser noch zu jener Sorte ganz gehören – unsern Weg zwischen Klarsicht und Einfalt, Mitleid und Stumpfheit, Handeln und Genießen suchen –, schlendern unterdessen über unsere ja nur ganz leicht verstrahlten Wiesen. Lachen, flirten, diskutieren.

Warten.

> Lieber Gott, wenn ich aufwache, bin ich froh, daß du alles genau da gelassen hast, wo es war.
> (Chris, Children's Letters to God)

Esther Vilar

Rositas Haut

208 Seiten, gebunden, Schutzumschlag

Ein gutsituierter Fabrikant fährt mit seiner jungen Geliebten in sein Ferienhaus am Meer, um auf seine Art seinen 46. Geburtstag zu begehen:
Keine Geschenke, sagt er zu dem Mädchen – was wir brauchen, hast du ja dabei, nicht wahr?
Doch das Mädchen Rosita hat an diesem Tag größere Ambitionen. Sie will das Rendezvous dazu nutzen, den Mann endgültig von Frau und Kindern zu trennen.
Anstatt einer harmlosen Orgie erwartet ihn ein ausgefeiltes Komplott. Dies alles wird erzählt aus der Perspektive eines Mosquitos. Süchtig nach ihrem Blut, ihrem Duft, der Berührung ihrer herrlichen weißen Haut – und rasend vor Eifersucht auf den menschlichen Rivalen –, wird er zum Erfüllungsgehilfen ihres zerstörerischen Spiels.
Eine neue, gänzlich andere Vilar. Eine Fabel in bester südamerikanischer Erzählertradition, geschrieben mit der Technik eines Kriminalromans. Und wohl eines der originellsten und radikalsten Werke erotischer Literatur.

ECON Verlag
Postfach 30 03 21 · 4000 Düsseldorf 30